무엇인가에 '혼'을 담는다는 것은 큰 울림을 준다. 이 책에는 자녀가 행복한 부자 되기를 진심으로 원하는 엄마의 간절한 혼이 담겨 있다. 이 책을 읽다 보면 그런 진정성을 느낄 수 있다. 저자는 투자전문가가 아닌데도 부자 되는 원리를 쉽게 풀어내고 있다. 투자의 길을 걸어온 나 역시도 공감되는 부분이다. 부자가 되는 지혜를 알고 싶은 독자에게 이 책을 추천한다.

"자기만의 관점을 체화하여 스스로를 믿어라!"

강방천(에셋플러스자산운용 CIO)

사교육을 15년간 해온 어학원 원장으로서 5명의 아이 엄마인 여정민 작가를 존경한다. 또한 그녀가 아이들을 위해 치열하게 유대인 교육을 연구했던 모습에 큰 감동을 받았다. 실제 유대인과 결혼한 나의 생활과 그녀의 생활에는 많은 유사점이 있었다. 이 책을 통해 그녀의 가슴 뛰는 바람이 이루어지길 소망한다. 그 소망은 우리 대한민국의 엄마들이 유대인 부의 지혜를 자녀에게 담는 것이다. 그 소망을 느끼며 읽는 내내 행복했다.

신디샘(행복한 하브루타 유튜버, 《유대인 아빠 한국인 엄마의 영재 독서법》 저자)

가난한 부모와 부자 부모의 가장 큰 차이는 돈의 규모가 아니라, 돈에 대한 생각과 태도에 있습니다. 현재의 급여 생활에 만족하고, 저축이 가장 훌륭한 재테크라고 생각하고 살아간다면 가난의 굴레에서 벗어나기는 어렵습니다. 더욱이 그 습관과 태도는 자녀에게 대물림될 가능성이 매우 큽니다. 《유대인 엄마의 부자수업》은 부자 엄마가 되는 방법을 알려드립니다. 진정 부자로 살아가고 싶다면, 자녀에게 부자의 성공습관과 태도를 물려주고 싶다면 이 책을 끝까지 읽고 행하세요. 책 속에서 지혜를 얻고 삶 속에서 부자 성공습관을 실천하세요.

윤서아(재테크노마드 스쿨 대표, 국공립초등학교 23년 근무)

생각을 조금만 바꿔도 삶에서 일어나는 결과는 놀라울 정도다. 13년째 마인 드파워 교육을 이어오며, 삶을 힘겨워하는 수많은 사람들이 인생 반전에 성공하는 모습들을 지켜보았기에 더욱 보이지 않는 법칙을 확신한다. 《유대인 엄마의 부자수업》은 쉽고도 명확하다. 잠재의식이 형성되는 어릴 때, 어떤 생각이 아이에게 전해지느냐에 따라 그 아이의 삶이 바뀐다. 이 책에서 제시하는 것들을 읽고 끝내는 것이 아니라, 부모 스스로 먼저 적용하고 이를 자녀에게 전달한다면 행복한 풍요의 삶이 펼쳐질 것이다. 빠르게 변하는 세상 속에서도 보이지 않는 법칙을 내면에 장착하면 그 어떤 것에도 흔들리지 않는 진정한 부의 삶이 당신 앞에 펼쳐질 것이다.

조성희(마인드파워 스페셜리스트, 《더 플러스》 저자)

청년들을 위한 온라인 독서모임을 운영하며 항상 강조한 것이 있다. 매일 뛰어라. 특히 "비가 올때 더 뛰어라." 모든 성공의 기저에는 지속과 반복이 있다는 말이다. 유대인 관련 저서를 많이 읽었지만 이렇게 쉬우면서 깊은 메세지를 담은 책은 못 보았다. 나 역시 이 책을 보며 유대인처럼 사고하고 교육생들에게 어떤 가르침을 주어야 하는지 큰 영감을 받았다. 마지막으로 이 책에 나온 구절을 응용해본다. "책을 11번 읽어라. 10번 읽는 것과 11번 읽는 것은 많이 다르다. 그러면 Excellence(책을 보면 알게 될 비밀코드)를 얻게 되리라!"

배준익(무역회사대표, 네이버 카페 '행동주의자들' 운영자)

유대인 엄마의 부자 수업

랍비마마(여정민) 지음
조우석 감수

유대인
엄마의
부자수업

"유대인이 해냈다면 우리도 할 수 있어요.
아니, 우리는 더 잘할 수 있어요!"

트러스트북스

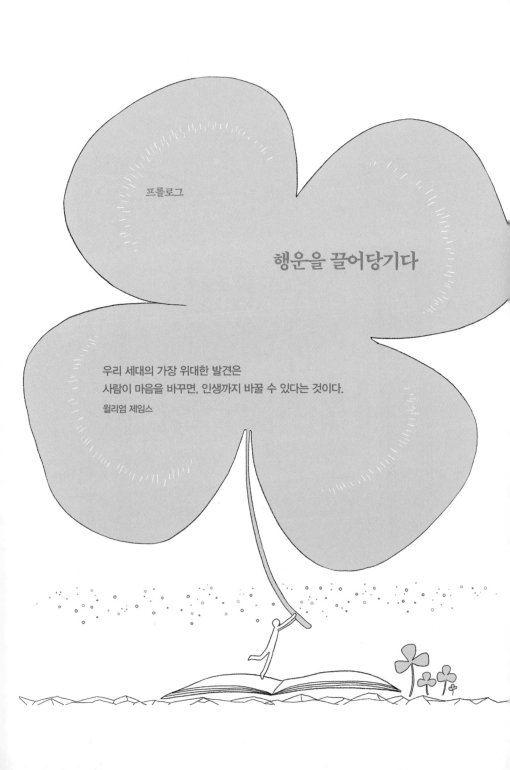

프롤로그

행운을 끌어당기다

우리 세대의 가장 위대한 발견은
사람이 마음을 바꾸면, 인생까지 바꿀 수 있다는 것이다.
윌리엄 제임스

'나에게 이런 일이. 이건 기적이야!'

스코틀랜드, 에든버러 예술대학 MLA조경디자인 석사 졸업 작품전시회 첫날. 멋지게 걸려 있는 내 작품을 보니 가슴이 뭉클하다. 공부하는 동안 참 많은 일이 있었기에 더욱 그러했으리라. 그사이 결혼을 했고, 한 아이의 엄마가 되었으며, 뱃속에는 둘째 아이의 심장이 뛰고 있었다.

그날, 내게 두 번의 행운이 찾아왔다.

전시회장은 축하하러 온 외부손님들로 북적댔다. 한국에는 잘 알려져 있지 않지만 에든버러 예술대학Edinburgh College of Art은 수많은 유럽 학생들이 예술과 디자인을 공부하기 위해 유학 오는 곳이다. 유럽에서 두 번째로 오랜 역사를 자랑하는 예술대학이기도 하다.

그날의 첫 번째 행운

졸업 전시회 첫날은 학생들이 그동안 이룬 도전, 성장, 성과를 축하받는 날인 동시에 새로운 기회가 열리는 날이기도 하다. 많은 영국 기업 관계자들이 리크루팅을 위해 방문하기 때문이다. 당시 에든버러 대학교에서 유학 중이던 남편도 나의 전시를 축하해 주기 위해 참석했다. 내 작품 앞에 남편과 함께 서 있는데 석사 2년 차 지도 교수님이 다가왔다.

교수님께 남편을 소개하자 바로 "You have a very smart wife(당신은 매우 똑똑한 아내를 두었네요)"라고 말하는 것이 아닌가! 듣고 있던 나는 진심으로 놀랐다. 내 귀를 의심할 정도였다. 그런 말을 할 분이 절대 아니었기 때문이다.

북아일랜드 출신인 노교수는 학생들 사이에서 깐깐하기로 유명했다. 조경학 분야에서 탁월함을 인정받아 은퇴 후에도 학교의 요청으로 학생들을 가르치고 계셨는데, 칭찬을 거의 하지 않고, 사적인 얘기도 잘 하지 않는, 말로 표현하기가 어려운 분이었다.

하늘같이 어려웠던 교수님이 'smart'하다고 나를 칭찬하다니! 그 자체가 내게는 큰 행운이었다. 얼마나 놀랐으면 장기기억력이 안 좋아서 남편에게 맨날 핀잔을 듣는 내가 아직도 그 순간을 기억할까.

하늘을 날 듯 기뻤던 진짜 이유는 따로 있다. 원래 나는 'smart'한 학생이 아니었기 때문이다.

나는 어렸을 때부터 자연을 좋아했다. 조경디자인 석사과정에 지원한 이유는 단 하나, '내가 디자인한 자연 공간에서 사람들이 행복하면 좋겠다'라는 순수한 동기였다. 운 좋게 합격은 했지만, 현실은 정말 쉽지 않았다.

우선 학부 전공이 조경디자인이 아니었다. 난생처음으로 조경이란 학문을, 그것도 영어로 공부해야 했다. 종합학문이라고 불릴 만큼 식물학, 토양학, 지형학, 예술, 건축, 생태학 등 다양한 과목들을 공부해야 했고 컴퓨터 디자인 툴까지 익혀야 했다.

이보다 더 큰 문제는, 당시 나는 진정한 자유와 마음의 평화를 찾아 방황하는 영혼의 소유자였던 것이다.

'나는 누구인가?'

'인생의 목적은 무엇인가?'

'어떻게 사는 것이 잘 사는 것인가?' 같은 해결되지 않는 질문들은 늘 나를 방황케 했다.

'자유를 찾아서'

이것이 내가 대학교 4학년 때 훌쩍 유럽으로 떠난 이유다. 한국에서 직장 생활하며 쳇바퀴 돌 듯 굴러가는 인생을 살고 싶지 않았다. 나의 영혼은 자유를 갈망했다. 벗어날 수 있는 가장 그럴싸한 이유는 유학이었다. 평소 제일 싫어했던 과목인 영어를 죽기 살기로 공부하고, 이런저런 알바를 하며 돈을 모았다. 이후 교환학생으로 북유럽 핀란드에서 대학 생활을 마무리하고 영국으로 넘어갔다.

조경디자인 석사 과정은 현지인들도 힘들어할 정도로 어렵다. 죽을 각오로 열심히 해도 따라가기 쉽지 않은데 나는 정신적으로 방황하고 있었다. 불안정한 마음으로 공부한 결과 1년 차 성적은 역시 좋지 않았다. 당연한 인과관계였다. 세상이 돌아가는 법칙에는 예외가 없다.

설상가상 지형학Geomorphology시험은 낙제까지 했다. 한국어로도 어려운 과목을 영어로 공부하려니 쉽지 않았다. 재미도 없었고 시험 준비도 제대로 하지 않았다. 고백하건대 석사 1년 차 시절의 나는 최악의 학생이었다. 마음은 이미 학교를 떠날 준비를 하고 있었다.

그때 에든버러 대학교 박사과정 중이던 남편을 만나 결혼을 했고 3개월 후 첫 아이가 생긴 걸 알았다. 출산 이후에는 공부를 포기하려 했다. 그러나 남편의 강력한 만류로 일단 학위 과정을 마치기로 하고 학교로 돌아갔다.

행운을 끌어당기는 자석

석사 2년 차. 겉모습은 같았지만 나의 내면은 완전히 달라져 있었다. 이제 나는 엄마였다. 나의 삶을 거울처럼 보고 성장할 딸아이가 있었다. 예전처럼 힘들면 그만두고, 어려우면 도망가는 나약한 삶을 살 수 없었다. 나는 엄마니까. 아이에게 멋진 엄마가 되리라 다짐했다.

1년 차보다 힘든 2년 차. 학생들은 밤새 스튜디오에서 작업에 몰두한다. 일정은 더 빡빡했지만 내 마음은 평화로웠다. 과제 하나하나 수행하는 마음가짐이 달라졌다. 사랑을 담아 정성을 다했다.

토목공학 프로젝트, 예전 같으면 대충 계산하고 끝냈을 것이다. 하지만 이제는 세부적인 요소 하나까지 정확하게 계산했다. 아이에게 떳떳한 엄마가 되고 싶었기 때문이다. 그 결과 최고 점수를 받게 되었다. 나도 놀랐다.

'이거 흥미진진한데~?'

더 놀랄 만한 일들이 계속 일어났다. 마치 행운을 끌어당기는 자석 같았다.

"각자 나라를 하나씩 정해서 그 나라의 정원역사에 대해 발표하세요."

'유럽 정원의 역사'라는 수업은 학생들의 프레젠테이션으로 진행되었다. 평소 프랑스 정원에 관심이 많은 터라 프랑스를 선택했다. 먼저 인터넷 검색으로 '프랑스 정원의 역사'라는 발표 주제에 꼭 맞는 책을 한 권 찾았다. 도서를 빌리러 학교 도서관에 갔더니 대출 상태였다. 예약 대기자만 여러 명이라 최소 몇 주는 기다려야 하는 상황이었다. 고민하던 순간 '에든버러 시립 도서관'이 번뜩 머리를 스쳤다.

일반 시민이 이용하는 도서관이라서 전공 서적은 없을 가능성이 컸다. 하지만 어느새 발걸음은 시립 도서관을 향하고 있었다. 관련 주제 코너에 도착하자 눈높이의 선반에 꽂혀 있는 녹색 책이 눈에 띄었다. 혹시나 하는 마음으로 꺼내 보니, 필요했던 바로 그 책이 아닌가! 프레젠테이션 무사히 PASS!

이런 일도 있었다. 졸업 작품 프로젝트가 한창일 때, 내 디자인에 뭔가 근본적인 문제가 있다는 걸 알게 되었다.

'이것만 해결되면 그 다음은 순차적으로 풀릴 것 같은데 알 수가 없네. 도대체 문제가 뭘까?'

고민하던 어느 날 학교 카페테리아에서 우연히 한국인 유학생을 만났다. 한국에서 조경회사를 세운 CEO이자 국가 프로젝트를 진행하기도 했던 전문 조경디자이너였다. 그는 골프장 디자인 석사 과정을 밟으러 우리 학교에 왔다고 했다.

좋은 기회다 싶어 내 고민을 털어놓았다. 감사하게도 그 자리에서 바로 나의 작업을 가져와보라고 했다. 나는 즉시 작품을 가져와 펼쳐 보였다. 역시 전문가는 달랐다. 머릿속에서 잡힐 듯 잡히지 않던 문제를 그분은 내 도면을 보자마자 찾아냈다. 문제가 명확해지자 해결책이 바로 떠올랐다. 졸업 작품도 멋지게 PASS!

1년 차 때 낙제했던 지형학은 2년 차 때 재시험을 치러야 했다. 그러나 이제는 준비하는 마음가짐부터 달랐다. 자료를 처음부터 끝까지 제대로 이해하며 모두 외워버렸다. 1년 전만 하더라도 그렇게 어렵고 지루했던 과목이 도대체 뭐가 달라진 걸까? 같은 과목이 맞나 어리둥절할 정도로 쉽고 재미있었다. 좋은 점수로 PASS!

일일이 다 나열할 수는 없지만, 돌이켜 보면 그 당시 나는 행운을 끌어당기는 자석 같았다. 영어 실력, 지식, 컴퓨터 다루는 능력 등 이전과 달라진 것은 하나도 없었다. 달라진 건 단 하나, 내가 엄마라는 사실이었다.

그날의 두 번째 행운

졸업 전시회 날, 짧은 머리에 스카프를 두른 지적인 느낌의 영국 여성이 내 작품 앞에 서 있다. 한참 동안 전시물을 뚫어지게 보던 그녀는 이윽고 내게 다가온다.

"에든버러 필리그 근린 공원Pilrig Park 잘 알아요. 가본 적도 있지요."

내가 디자인한 공원은 인적이 드문 도시 외곽에 위치해 있어서 사람들이 거의 이용하지 않는 장소였다. 그런 곳을 잘 알다니 신기하다는 생각이 들었다.

"그 공원에는 문제가 많은데, 좋은 아이디어와 디자인으로 잘 해결했네요."

'어? 뭔가 전문가적인 느낌인데… 누굴까?'

영국 여성은 그 공원과 디자인에 대해서 한참 얘기하더니 명함 한 장을 건넨다.

"난 매기Maggie라고 해요. 글래스고에 있는 개발 컨설팅 기업 Jacobs에서 일하고 있어요.

우리와 함께 일해보지 않겠어요?"

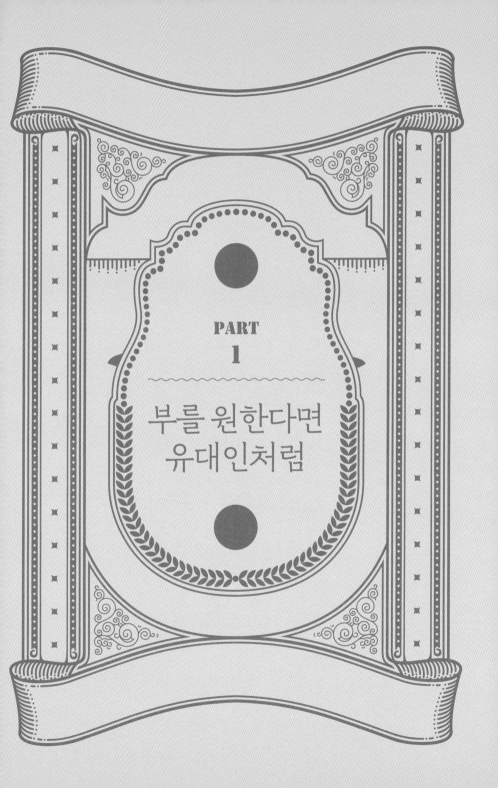

PART
1

부를 원한다면
유대인처럼

나는 모든 엄마를 존경한다.
이 멋진 세상에 귀한 생명을 탄생시킨 위대한 존재다.
나는 모든 엄마를 믿는다.
자녀를 사랑하는 마음으로 못할 게 없다는 걸 알기 때문이다.
나는 모든 엄마를 응원한다.
대한민국 아이들을 행복한 부자로 만드는 목표를 함께 마음에 품자.

행운을 부르는 유대인의 지혜

행운이란 준비와 기회를 만났을 때 나타난다.
세네카

어떻게 내게 이런 일이 일어난 걸까? 나보다 영어도 잘하고, 실력이 더 뛰어난 학생들이 많았다. 앞서도 말했지만, 내 실력은 크게 달라진 게 없었다. 그럼 도대체 무엇이 기적이 만들었을까? 어떻게 상상치도 못한 행운이 나를 찾아왔을까?

석사 1년 차: 나름 열심히 했지만 너무 힘들었다. 전혀 행복하지 않았다. 결과도 좋지 않았다.
석사 2년 차: 즐기며 최선을 다했다. 행복했다. 결과도 대성공!

행운 실험가인 영국인 교수가 나의 질문에 대한 답을 가지고 있었다. 영국 하트퍼드셔 대학교 심리학 교수 리처드 와이즈먼 박사는 8년 이상 행운 관련 실험을 했다. 그가 내린 결론은 다음과 같다.

— 행운은 신비한 능력이나 하늘이 내린 우연한 선물이 아니다. 행운
　은 마음가짐과 사고방식과 태도에 따라 달라진다.[1]

석사 1년 차와 2년 차. 그사이 나의 달라진 점이라고는 엄마가 되었다
는 사실뿐이었다. 기적의 비밀은 여기에 있었다. 부모가 되면서 나의
마음가짐, 사고방식 그리고 삶을 대하는 태도가 달라진 것이다. 변화
된 내면은 행운을 끌어당기는 힘을 갖는다. 행운을 끌어당기는 초강
력 자석과 같은 사람이 되는 것이다.

먼저 "돼라"

'돼라. 하라. 가지라' 공식이 있다. 대부분의 사람은 무언가를 '갖고'
싶으면 먼저 무언가를 '한다'. '하라'에 집중하는 것이다. 일례로 돈을
많이 갖고 싶어서 먼저 투자를 한다. 그러나 세계적인 금융 컨설턴트
이자 베스트셀러 작가인 로버트 기요사키는 원하는 목표가 있으면 먼
저 "돼라"에 집중하라고 조언한다.[2] 무언가를 갖고자 행동하기 전에
먼저 그것을 가질 만한 사람이 되어야 한다. 먼저 그런 사람이 되면
원하는 것은 자연스럽게 삶으로 흘러들어온다. 행운을 끌어당기는 사

람이 되는 것이다.

'그런 사람이 된다'는 건 무슨 뜻일까? 어떻게 행운을 끌어당기는 사람이 될 수 있을까?

── 당신의 생각이 바로 당신 자신이다.

로버트 기요사키는 보이지 않는 '사고의 힘'을 강조한다. 운동선수가 되기 위해서는 먼저 그들의 생각하는 방식을 배워야 하고, 부자가 되기 위해서는 부자의 사고방식과 신념, 태도를 지녀야 한다.

── 나는 사람들이 원하기만 하면 그들이 원하는 돈을 가질 수 있는 힘과 능력이 있다는 것을 알았으면 좋겠다. 그런 힘은 돈에서 나오는 것이 아니다. 그들의 외부에 있는 것도 아니다. 그런 힘은 사람들의 사고방식에서 나온다. 그것은 돈과는 아무 상관도 없다.
중요한 것은 바로 힘, 그들의 사고에서 나오는 힘과 관련이 있다. 좋은 소식은 생각에는 돈이 들지 않는다는 것이다. 당신에게 필요한 것은 사고방식을 바꾸겠다는 생각과 의지뿐이다. 몇 가지 사고 방식만 바꾸면 돈에 지배되는 것이 아니라 돈을 지배할 수 있다.

나의 경우 달라진 것은 사고방식밖에 없었다. '멋진 엄마가 되겠다'는 생각이 결과를 완전히 바꾸어 놓았다. 생각을 바꾸는 데 돈과 에너지가 필요한 것이 아니다. 생각의 변화는 스위치 켜듯 한순간 일어날 수 있다.

부모의 생각이 바뀌면 자녀의 인생이 바뀐다. 유대인 부자교육으로 우리 자녀들도 삶의 진정한 주인 즉, 행복한 부자로 키울 수 있다. 유대인 '부의 법칙'은 수천 년 동안 이미 검증이 끝났다. 그들은 세계의 부를 지배하는 결과를 만들어 냈다. 시공간을 초월하는 '부의 진리'를 알면 누구나 가능하다. 유대인 부자교육을 통해 가장 먼저 엄마의 생각이 바뀔 것이다. 할 수 있다는 자신감이 생기고, 꿈을 꾸기 시작할 것이다. 자본주의 머니게임에서 이기는 방법을 알게 될 것이다. 그리고 어느 순간 행운을 끌어들이는 자신을 발견하게 될 것이다.

— 부를 숭배하는 이 시대에 부자는 인생을 즐기고, 빈자는 주어진 인생을 견뎌내야만 한다. 부자는 돈이 없어 고생하는 삶을 이해하지 못한 채 느긋하고 편안하게 생활하는 반면, 빈자는 돈 때문에 인생이 고달프고 피폐해져 절대로 가난에서 벗어날 수 없다고 삶을 포기하기도 한다.

부자는 매사 순풍에 돛 단 듯이 순조롭고 막힘이 없지만 빈자는 한 발 떼는 순간마다 난관이요. 장애물이다. 부자와 빈자 사이에 존재하는 엄청난 차이에 대해, 빈자들은 스스로 재운이 없는 탓이라고 말한다. 그러나 가난과 부의 수수께끼를 푸는 열쇠는 스스로 재운

을 키우고 행운의 여신을 찾아올 수 있는 비결을 아느냐 모르느냐에 달려 있다.[3]

새로운 기술을 익히고, 열심히 일해서 부자가 되는 시대는 끝났다. 그렇다고 높은 수익률이 보장된 투자처가 당신을 진정한 부자로 만들어줄 수는 없다.

랍비 다니엘 라핀은 부자가 되려면 먼저 '새로운 나'로 변해야 한다고 말한다. 그는 돈에 관한 재미있는 수학 공식을 소개한다.[4]

$$예전의 나 + 더 많은 돈 = 새로운 나$$

이제 방정식의 양쪽에서 '예전의 당신'을 빼면 다음과 같다.

$$더 많은 돈 = 새로운 나 - 예전의 나$$

부자가 되기 위해서는 먼저 내가 변해야 한다. 예전의 사고방식과 삶의 패턴을 버리고 새로운 생각을 하고, 새로운 태도로 삶을 살아야 한다. 유대인 부의 지혜는 사람을 변화시키는 힘이 있다. 지식은 머리로 이해하고, 지혜는 가슴으로 깨닫는다. 지혜는 사람을 변화시킨다. 유대인 '부의 지혜'는 당신의 가슴으로 다가갈 것이다.

당신은 어느 순간 부자의 생각을 하고 있고, 부자의 에너지가 넘칠

것이다. 그리고 당신의 부자 에너지는 자녀에게 흘러갈 것이다. 이것이 우리가 부자교육을 해야 하는 이유이다. 엄마의 변화는 자녀의 미래를 바꾼다.

유대인 부자교육의 성공 원리

"세계적인 부를 이룬 성공 비결이 무엇입니까?"

"저는 운이 좋았습니다."

세계 대부호들이 공통적으로 꼽는 '부와 성공'의 비결은 '행운'이다.
유대인의 지혜는 행운을 끌어당기는 내면의 힘을 키운다.

엄마는 정원사다.

정성과 사랑으로 세심하게 정원을 돌본다.

기쁘게 꽃들이 잘 자랄 수 있는 땅을 준비한다.

행복한 꿈을 꾸며 땅속에 씨앗을 심는다.

소중히 물과 빛을 공급하며 에너지를 보낸다.

땅 위로 나온 꽃들을 보며 기쁨에 넘친다.

창조의 기쁨이다.

엄마는 자녀에게 신과 같은 존재다. 신의 품성은 사랑이고, 신의 일은 창조이다.

부모는 사랑으로 아이의 '마음과 영혼의 밭'에 '부와 성공의 씨앗'을 심는다. 유대인 부자교육은 보이지 않는 것(무의식)을 잘 가꾸어서, 보이는 것(현실)을 멋지게 창조하는 교육이다. 자녀의 보이지 않는 무한한 잠재력을 믿어주고, 끌어내며, 최고의 결과를 만들어 내는, 가슴 뛰는 교육이다. 이것이 유대인 부모가 자녀를 '행운을 부르는 부자로 키우는 비결'이다.

유대인 부자교육을 벤치마킹하다

유대인은 부자교육에 있어서 가장 확실하고 검증된 성공자들이다. 그들은 수천 년 동안 고난의 역사를 지나오면서, 부의 지혜를 소중히 간직하고 피나는 노력으로 지켜냈다. 그리고 멋진 성과를 만들어 냈다. 죽음과도 같은 역경 속에서도 강한 의지로 인내하며 희망의 끈을 놓지 않은 결과다. 자녀를 향한 사랑은 유대인 엄마를 어둠 속에 오래 머무르지 못하게 했다. 자식을 위해 다시 일어서야 했고, 긍정적으로 살아가야 했으며, 두려움을 뚫고 나아가야 했다.

세계적인 부와 성공을 이룬 유대인 뒤에는 위대한 엄마가 있었다.

생명이 위협받는 상황 속에서도 자식들을 교육으로 지켜낸 강한 엄마가 있었다.

유대인의 인구는 전 세계 인구의 0.2퍼센트에 불과하다. 대한민국

인구의 1/3도 되지 않는 숫자다. 더구나 박해의 역사 속에서 세계를 떠돌아야만 했던 척박한 상황에서 그들은 인류 역사상 가장 탁월한 업적을 이루었다.

노벨상 수상자의 23퍼센트, 미국 명문대학 유대인 교수 30퍼센트, 미국 100대 기업의 약 40퍼센트가 유대인 소유이다. 세계 경제를 지배하는 거대 자본가들과 예술, 과학, 정치 등 모든 분야에서 세계적인 인물들이 배출되고 있다. 인류의 역사를 만들어가는 유대인이라고 해도 과언이 아니다. 이러한 위대한 성취의 비밀은 유대인 부자교육에 있다.

대한민국의 위기

자살률 세계 1위, 출산율 세계 최하위, OECD 국가 중 청년실업률 1위, 높은 노인 빈곤율 등 세상 모든 심각한 문제를 대한민국이 다 껴안고 있는 것 같다. 가장 근본적인 문제는 높은 금융문맹률이다. 전문가들은 대한민국 국민들의 금융지식이 심각한 수준이라며 유대인 경제교육을 대안으로 제시한다.

세계 3대 신용평가기관에서 우리나라의 금융지식 보유율을 세계 77위로 평가했다. 아프리카 우간다가 76위인 것을 보면 충격적이다.

높은 자살률, 낮은 출산율, 높은 청년실업률, 높은 노인 빈곤율, 앞서 말한 문제들은 단지 현상에 불과하다. 물질적, 정신적 가난으로 생기는 문제들이다. 문제의 본질은 금융문맹이다. 본질만 해결하면 현상으로 나타난 문제들은 자연스럽게 줄어들 것이다.

"문맹은 생활을 불편하게 하지만 금융문맹은 생존을 불가능하게 만든다."

세계의 경제 대통령이라 불리는 앨런 그린스펀의 말이다. 그 역시 유대인이다. 우리나라의 현상적인 문제들은 부자교육으로 해결될 수 있다.

지금 대한민국은 위기 속에 있다. 제대로 준비하지 않으면 생존을 위협받는 자본주의 시대에 살고 있다. 자녀들이 살아갈 미래를 위해 대한민국 부모들이 일어나야 한다. 국가적인 동시에 개인적인 위기를 뚫고 진취적으로 나아가야 한다. 사랑하는 우리의 대한민국 자녀들을 위해서 말이다.

현실이 답답하고 막막할 때 눈을 감고 가만히 유대인 엄마를 상상한다. 발견되는 즉시 죽음의 수용소로 끌려가는 위급하고 두려운 상황 속, 좁은 다락방에 숨어 지내고 있는 유대인 가족. 발걸음 소리에 숨죽이며 어린 자녀의 입을 막아야만 했던 유대인 엄마. 얼마나 두려웠을까. 사랑하는 자녀들을 보며 얼마나 마음 아팠을까.

하지만 유대인 엄마는 부정적인 생각과 감정에 머무르지 않았다. 처한 현실과는 반대의 미래를 꿈꾸며 인내했다. 어둠 속에서도 지혜를 갖추도록 자녀를 교육하고 희망을 잃지 않도록 가르쳤다.

유대인이 이룬 세계적 부와 성공은 힘든 역경 속에서 더 강해질 수밖에 없었던 유대인 엄마의 위대함이 만들어 낸 결과이다. 더는 내려갈 곳 없는 밑바닥, 더는 깜깜해질 수 없는 어둠 속에서 그들의 진정한 부자교육은 시작되었다.

유대인 부자교육 벤치마킹

나는 우리 대한민국의 자녀들이 미래사회의 주인공이 되기를 꿈꾼다. 세상의 주인으로 당당히 살아가길 간절히 바란다. 이는 내 가슴을 가장 뛰게 만드는 꿈이다.

> 당신보다 앞선 사람을 보고 그 사람이 왜 앞서 있는가를 깨달으라.
> 그런 다음 그를 모방하라.
> 나폴레온 힐

그래서 나는 유대인 부자교육을 벤치마킹하기로 했다. 자살률 세계 1위, 세계 최하의 출산율, OECD 국가 중 청년실업률 1위, 심각한 노인 빈곤 문제 등 우리 아이들이 살아갈 미래를 생각하면 마음이 아프다. 그러나 아픈 만큼 자란다. 힘든 만큼 강해진다. 충분히 아팠으니, 충분히 힘들었으니 이제 비상할 준비를 하자. 부자교육은 우리

아이들을 독수리처럼 하늘의 제왕으로 비상할 준비를 철저히 시켜 줄 것이다.

지금 유대인 배우기에 열심인 민족이 있다. 바로 중국인들이다.《유대인 생각공부》,《유대인의 돈, 유대인의 경쟁력》,《인생의 한 번은 유대인처럼》,《유대인 엄마 이야기》등 유대인 관련 책들의 저자가 모두 중국인이다. 그들은 과거의 실패를 되풀이하지 않고 진정한 성공의 비결을 배우기 위해 유대인을 파헤치고 있다.

나는 기존의 책들과는 전혀 다른 방법으로 유대인에게 다가가고자 한다. 무언가를 제대로 배우려면 표층적, 심층적 접근이 둘 다 필요하다. 이 책이 말하는 유대인 부자교육을 통해 바로 현장에서 적용할 수 있는 돈의 원칙뿐 아니라, 삶의 본질을 꿰뚫는 통찰력까지 얻을 수 있을 것이다.

유대인 부자교육을 통해 꿈꾸는 부모들이 많아지길 바란다. 꿈꾸는 사람이 기적을 만든다. 꿈꾸는 사람들이 모이면, 더 큰 기적을 만든다. 온갖 시련 속에서 부자교육을 꽃피운 유대인을 떠올리며 '나도 할 수 있다! 우리도 할 수 있다!'는 용기와 자신감을 가지라. 위대한 '부와 성공'을 이루며 세계를 이끄는 대한민국 자녀들의 미래를 함께 꿈꾸고 싶다.

유대인을 축복하다

먼저 인사하는 사람이 축복도 먼저 받는다.

탈무드

지금 당장 부와 성공의 에너지를 끌어올 수 있는, 가장 쉽고 빠르고 강력한 방법이 있다. 그것은 바로 부자를 축복하는 것이다. 부자가 되려면 부자를 축복해야 한다. 다른 사람의 성공을 진심으로 기뻐하고 축하하며 축복하라. 그러면 그의 성공과 동일한 파동을 갖게 된다. 수많은 성공철학서와 부에 관한 책들이 입 모아 똑같이 강조하는 부의 원리이다.

> 너를 축복하는 자에게는 내가 복을 내리고
> 너를 저주하는 자에게는 내가 저주할 것이다.
>
> **토라**

이는 유대인의 조상 아브라함을 향한 신의 약속이다. 《토라》를 보면 아브라함은 어마어마한 재산을 가진 부자였다. 또한 신이 선택한 사람이며 신의 뜻대로 살아가는 사람이었다. 누군가를 향한 축복은 좋은 사람, 좋은 돈, 좋은 운을 끌어당기는 힘이며, 하늘을 당신 편으로 만드는 훌륭한 방법이다.

부자를 향한 비난은 부와 성공을 밀어내는 에너지를 발산한다. 부자에 대한 부정적인 생각과 감정이 부자가 되려는 소망과 불일치하는 진동을 만들기 때문이다. 다시 말해 진동의 부조화는 소망이 이루어지는 것을 방해한다. 《머니룰》의 저자 제리 힉스는 자신의 경험으로 이 원리를 잘 설명한다.

— 내가 어렸을 때 주위에는 가난한 사람들밖에 없었답니다. 그때 우리는 부자들을 우스갯거리로 삼곤 했지요. 예를 들어, 우리는 비싼 고급차를 소유한 사람들을 비난하고는 했습니다. 그래서 어른이 되고 나서 나는 캐딜락을 갖고 싶었지만, 내가 예전에 했던 것처럼 사람들이 나를 우스갯거리로 삼을까 두려워 살 수가 없었지요. 결국 나는 사람들이 경제적인 차라고 여기는 벤츠를 샀습니다.[5]

과거에 고급 차를 몰고 다니는 부자들을 비웃던 기억이 힉스의 무의식 속에 남아 있었고, 자신이 좋은 차를 타면 똑같이 사람들이 자신을 비난하리라는 두려움 때문에 원하던 차를 갖지 못했다.

하지만 반대로 멋진 스포츠카를 타고 다니는 부자를 보며 "멋지네요. 대단해요. 축하해요"라는 말을 한다면 무의식에 소망의 씨앗이 심기고 '나도 할 수 있다'는 믿음과 함께 온 우주가 당신의 소망이 이루어지도록 도울 것이다.

내 가슴을 뛰게 하는 소망은 대한민국 자녀들이 세계를 움직이는 리더들이 되는 것이다. 아이들 안에 있는 무한한 잠재력을 100퍼센트 발휘하여 삶의 주인이자, 세상의 주인공으로 멋지게 살아가는 것이 나의 소망이자 기도이다. 행복한 세상을 꿈꾸는 아이들을 상상하면 늘 마음 깊은 곳에서부터 설렘과 기쁨이 샘솟는다.

나는 부자를 축복하면 부자가 된다는 원리를 깨닫고 유대인을 축복하기 시작했다. 그 이후 내 소망의 진동수와 일치하는 부와 성공을 이룬 원리, 즉 유대인 부자교육을 연구하고 체계화해야겠다고 결심했다. 결심부터 시작해서 출판사와의 연결, 그리고 이 책이 세상에 나오기까지 온 우주가 나를 돕는 느낌이었다. 이 책은 유대인을 향한 축복에서 시작했다고 해도 과언이 아니다.

이 책을 읽으며 나약한 여인이자 자녀 앞에 갈등하는 유대인 엄마들을 마음껏 축복하면 어떨까.

― 유대인 엄마의 기도

아이의 물음에 대답해 주고, 수많은 갈등을 해결해주고, 율법대로 살아가도록 가르칠 수 있는 지혜를 주소서.

화가 치밀어 오르고, 비난과 매질로 아이의 영혼을 짓밟고 싶을 때마다 이를 이겨낼 수 있는 자제력을 주소서.

사소한 짜증과 아픔, 고통, 보잘것없는 실수와 불편에 눈 감게 하소서.

참을성을, 그보다 더한 참을성을, 그리고 그보다 더한 참을성을 주소서.

생각과 기분을 깊이 헤아리고 있음을 아이가 알 수 있도록 서로 공감하게 하소서.

고통과 좌절의 순간에도 아이의 존재를 처음 깨달았을 때 느꼈던 환희와, 아이가 첫걸음마를 뗐을 때의 기쁨과, 아이를 처음 품에 안았을 때의 희열을 결코 잊지 않게 하소서.

지치고 힘들 때도 아이를 위해 움직일 수 있는 힘과 건강을 주소서.

신념과 긍정의 힘으로 자신 있게 삶을 대하는 기쁨과 웃음과 열정을 주소서.

모진 말과 조롱, 비난으로 아이의 영혼을 파괴하지 않도록 침묵을 주소서.

아이의 있는 그대로의 모습을 받아들이는 포용력을 주소서.

아이뿐 아니라 시간과 이해와 표현을 필요로 하는 내 내면의 아이도 사랑하게 하소서.[6]

유대인은 마음으로 배우고 삶으로 교육한다

지혜와 힘과 부를 가족을 위해 쓰라
유대 격언

세상에서 가장 훌륭한 교육은 삶으로 보여주는 것이다. 이것은 탁월한 결과를 만드는 유대인 교육의 비법이기도 하다. 유대인 부모는 먼저 자신을 교육한다. 부모가 먼저 배우고, 배운 대로 산다. 그리고 삶으로 가르친다.

> **너는 이 말씀을 마음에 새기고, 네 자녀에게 부지런히 가르치고.**
>
> 토라

유대 전통은 부모가 먼저 배우게 한다. 지식으로 배우는 데 그치지 않고 마음에 새겨질 때까지 배워야 한다. 마음에 새긴다는 말은 무의식에 새긴다는 뜻이다. 무의식에 새겨진 배움은 삶으로 자연스럽게 배어 나온다.

영감을 주는 부모

몸으로 반복하고, 마음으로 즐겁게 배워, 영혼에 깊게 새기는 것이 바로 유대인 교육법이다. 유대인 부자교육법 역시 마찬가지다. 마음에 새길 때까지 부모가 먼저 스스로 부자교육을 한다. 그리고 삶으로 가르친다.

진정한 스승은 제자들에게 영감을 주는 사람이다. 영감은 배우는 사람이 스스로 변화하고 성장하도록 내면의 힘을 키워준다. 자녀에게 영감을 주는 부모가 되어야 한다. 그러기 위해서는 부모가 먼저 배워야 한다. 마음에 새기는 정도까지 말이다.

나의 사업적 영감의 원천은 아버지입니다.

워런 버핏

대한민국의 교육은 상위 1퍼센트를 위한 것이다. 이와 반대로 유대인 교육은 하위 1퍼센트까지 끌고 가는 교육으로 유명하다. 이것이 가능한 이유는 가르치는 사람이 마음에 새기며 배운 것들을 삶으로 직접 보여주기 때문이다. 부모가 마음으로 깨닫고 배운 것을 자녀에게 흘려보내는 것이야말로 가장 효과적인 교육이다. 유대인 부자교육은 부모와 아이가 함께 추는 춤이어야 한다.

> **인생은 함께 추는 춤이다.**
>
> 유대인 코치 베니 갈

유대인 부자교육의 목표

유대인 부자교육의 1차 목표는 세 가지다. 바로 단순성, 기쁨, 결과다.[7]

무조건 단순해야 한다.

무조건 즐거워야 한다.

무조건 결과가 탁월해야 한다.

유대인 부자교육의 강점은 '단순성'에 있다. 다른 학습법들처럼 대단한 지식이나 경험을 필요로 하지 않는다. 아이를 진정으로 사랑하고 믿어주는 마음 하나면 지금 당장 시작할 수 있다.

"너는 부자로 태어났단다"라는 말 한마디로 정체성을 교육하고,

"네 안에 무한한 힘이 있단다"라는 말로 자존감을 교육하며,

"돈에는 세상을 바꾸는 힘이 있어. 단, 주인이 지혜가 있어야 한단다"는 말로 돈을 교육한다.

보석 같은 지혜들을 지금 당장 아이의 마음에 심어줄 수 있다. 단,

그 보석이 진짜여야 한다. 진짜 보석은 교육자의 마음에서 먼저 만들어진다. 그러면 물이 위에서 아래로 흐르듯 힘들이지 않고 자연스럽게 그리고 행복하게 아이들에게 흘러간다. 유대인 부자교육은 세상에서 가장 쉽고 효과적인 교육이다. 하지만 가장 어려운 교육이 될 수도 있다. 교육하는 사람의 마음에서 시작하지 않는다면 말이다.

엄마가 먼저 자신을 믿어야 한다.

엄마가 먼저 행복해야 한다.

엄마가 먼저 자신을 사랑해야 한다.

교육하는 사람의 맑은 마음에서 시작된 부자교육은 탁월한 성과로 이어진다. 부모가 마음을 잘 지키는 한, 삶이 전적으로 도와줄 것이다. 엄마는 마음을 지키며 삶이라는 흐름에 맡기면 된다. 때가 되면 꽃과 열매를 맺듯, 자녀들의 삶 속에 좋은 열매들이 나타나게 되어 있다. 유대인은 이러한 우주의 원리를 이해하고, 부자교육에 활용하여 자녀를 세계 최고의 부자로 키웠다.

"교육자가 진정 바뀌어야, 아이도 진정 바뀐다."

17년 동안 수많은 시행착오를 겪은 후 내가 내린 결론이다. 이 책은 자녀 교육서이기 이전에 자기계발서이다. 대부분의 자녀 교육서는 자녀를 교육하는 방법에 초점을 맞추지만, 이 책은 각 장에서 설명하는 부의 원리를 부모가 자신의 삶에 적용하도록 방향을 잡고 있다. 부모의 변화와 성장이 부자교육을 성공적으로 이끈다. 부모가 부의 원리를 더욱 깊이 깨닫고 삶에 적용할수록 자녀가 부자 되는 속도는 더욱 빨라진다. 먼저 부모 스스로 부자교육을 하는 것이야말로 자녀에게 줄 수 있는 가장 멋진 선물이다.

부모의 부자그릇이 클수록 자녀의 부자그릇도 커진다. 엄마의 부자 마음이 클수록 자녀의 부자마음도 커진다. 부자마음은 엄마의 행복에 서 시작된다. 엄마가 행복해야 삶으로 가르칠 수 있다.

아이는 부모의 삶을 통해 온몸과 마음으로 배운다. 유대인 부자교 육이 수천 년 동안 성공적으로 대물림된 비결도 여기에 있다. 부모가 먼저 스스로 부자교육을 하고, 삶으로 자녀를 가르치자. 시작은 엄마 의 행복이다. 이는 부자교육을 지속할 수 있게 만드는 힘이며, 부를 대물림할 수 있는 비결이다.

> **뜨거운 열정보다 중요한 것은 지속적인 열정이다.**
>
> 마크 저커버그

돈 공부, 당장 시작하라

어린 자녀에게 돈 버는 법을 가르치지 않는 것은
자녀를 도둑으로 키우는 것이다.
탈무드

돈 공부는 부자교육의 꽃이다. 시대는 늘 변한다. 시대에 맞게 교육의 내용과 방식도 변해야 한다. 자본주의 시대를 살아가려면, 금융교육은 반드시 필요하다. 이제 경제, 금융 지식과 돈의 지혜 교육은 선택이 아닌 필수이다. 수학, 영어 교육보다 훨씬 중요하다. 자본주의 시대의 돈 교육은 생존의 문제다. 돈에 지배당하는 아이가 아니라, 자본주의의 머니게임에서 승리하는 아이로 키워야 한다.

세월호 사건 이후 수영 교육이 의무화되었다. 바다에서 살아남기 위해서는 수영을 할 수 있어야 하는 것처럼, 자본주의라는 바다에서 살아남기 위해서는 돈을 다루는 능력이 있어야 한다. 돈 교육을 통해 생존은 물론, 높은 파도를 오히려 환영하며 서핑을 즐기는 사람으로 키워야 한다.

돈 공부

나는 세상에서 제일 재미없는 공부가 돈 공부라고 생각했다. 주위에서 경제와 관련된 이야기를 하면 나 홀로 외딴섬에 떨어진 느낌이었다. 재미도 없고 알고 싶지도 않았다. 아이들이 경제에 관한 질문을 하면 내 대답은 늘 "아빠한테 물어봐"였다. 부동산, 주식 투자는 나와는 아무 상관없는 딴 세상 이야기였다.

그러니 기적이 아닌가, 내가 돈 공부를 시작한 것이. 더 놀라운 기적은 돈 공부가 정말 재미있다는 사실이다. 돈 공부를 하면서 새로운 인생 여행이 시작되었다. 삶 속에서 돈의 진정한 의미를 알아가고, 투기라고만 생각했던 투자를 다른 관점으로 보기 시작하며, 하나하나 차근차근 배워가는 과정이 신난다.

돈 공부에서 최고로 느끼는 기쁨은 배운 것을 자녀들에게 흘려보낼 때다. 엄마로서 내 의무를 다하고 있는 것 같아 뿌듯하기도 하다. 경제학 교수처럼 지식이 많지 않아도 괜찮다. 자녀를 사랑하는 마음 하나면 충분하다. 언제 어디서든 부자의 씨앗을 아이의 마음속에 심어줄 수 있다.

"돈은 선물이야. 마음껏 기뻐하고, 감사하자."

"돈의 원리를 알면 부자는 될 수 있어. 돈 공부가 학교 공부보다 중요해."

"돈을 잘 알아야 노예가 아닌 자유로운 삶을 살 수 있어."

"복리의 마법과 투자를 알아야 한다."

"BTS가 그렇게 좋다면 BTS와 관련 있는 주식을 알아보는 게 어떨까?"

당장 큰 변화가 일어나지는 않을지 모른다. 하지만 말의 씨앗이 아이의 마음 밭에 심겨 우주의 법칙에 따라 가장 완벽한 때에 싹이 트고 멋진 나무로 자랄 것이다. "우주의 넓이가 얼마나 될까?"라는 유대인 엄마의 질문에 천재 과학자 아인슈타인이 탄생한 것처럼 말이다.

나는 검증된 부자교육을 하고 싶었다. 자자손손 대물림되는 특별한 방법을 배워서 세계 최고의 부자교육을 시키고 싶었다. 그래서 유대인에게서 돈 교육을 받기로 했다. 나는 불변하는 돈의 지혜를 갖춘 대한민국 아이들을 꿈꾼다. 세상을 멋지게 변화시킬 주인공이 될 다음 세대를 꿈꾼다.

이것이 내가 이 책을 쓰는 이유다. 자녀들에게 경제적 자유의 길을 선물하고 싶다. 그것은 교육을 통해서만 가능하다.

유대인의 지혜를 통해 배우다

《토라》는 신이 인간에게 어떻게 살아야 하는지를 알려주는 유대 경전이다. 사람을 대하는 방법부터 부를 생산하고 유지하며 나누는 방법까지 광범위한 내용이 담겨 있다. 일, 관계, 돈, 건강 등 일상의 부분들이 모여 삶 전체를 이룬다. 유대인은 삶의 모든 부분이 조화를 이루며 잘 어우러져야 진정한 평화를 누릴 수 있다고 믿는다. 그들의 지혜에 있어서 재정적 가르침의 비중이 가장 크다. 유대인은 《토라》의 가르침을 생명처럼 소중히 여기고 그들의 성공 비결로 꼽는다.

《탈무드》 역시 유대인 지혜의 보고이다. 영적이고 정신적인 가르침만 있는 것이 아니다. 영적, 정신적 이상을 이루기 위한 실천적 방법을 다룬다. 수천 년이 지난 지금의 현실에 적용해도 시대적 한계를 전혀 느낄 수 없을 정도이다. 수많은 부자들은 자신의 성공 뒤에 《탈무드》가 있었다고 말한다.

"돈은 영적이며, 정신적이며, 물질적이다."

"'돈'이라는 히브리 단어의 어원에는 '피'라는 뜻이 있다. 피가 사람의 몸을 순환하며 생명을 유지하듯이 돈도 한곳에 머무르지 않고 돌아다니며 세상에 생기를 준다."

"돈은 더 나은 세상을 만들기 위해 신이 인간에게 준 선물이다."

이 얼마나 놀라운 통찰인가? 유대인 돈의 법칙을 제대로 공부하기 전의 나에게 돈은 그냥 돈일 뿐이었다. 눈에 보이고 만질 수 있으니 당연히 물질적인 것, 재화를 구매할 수 있는 수단으로만 여겼다. 그러니 유대인의 지혜에서 말하는 돈의 개념은 매우 신선한 충격이었다. 그때부터 돈의 가치가 완전히 다르게 느껴졌다.

엄마가 먼저 돈 공부를 즐겨야 한다. 그리고 새로운 돈의 가치를 가르쳐야 한다. 돈 교육의 성공 비결은 엄마의 행복이다. 엄마가 배우고 성장하는 과정을 즐겨야 한다. 아이들은 스펀지다. 엄마가 행복하면 아이도 행복하다.

— 돈은 어떻게 해야 모이는지 알고 있니? 돈이라는 것은 즐거운 마음으로 벌어야만 모이는 거란다. 마지못해 일해서 좀 번다고 해도 그런 자세로는 오래가지 못하지. 돈을 번다는 것은 아주 힘든 일이야. 그러니까 더욱 즐거운 마음으로 임해야 하는 거란다.[8]

일본 최고 부자인 사이토 히토리가 꼬마 제자에게 주는 가르침이다. 사랑이 가득 담긴 스승의 목소리가 마음에 잔잔히 울려 퍼진다. 즐거운 마음으로 일하는 것이 돈이 모이는 비결인 것처럼, 즐거운 마음으로 돈을 공부하는 것이야말로 성공적인 부자교육의 비결이다.

가끔 "우와~ 돈 공부 너무 재미있다! 이렇게 재미있는 걸 이제껏 왜 몰랐을까?" 흥분해서 외쳐보라. 어린아이들은 무슨 말인지 모르면서도 함께 기뻐할 것이다. 사춘기 자녀들은 엄마를 이상하게 쳐다볼 수도 있다(직접 경험했다^^). 아이들의 반응에 신경 쓰지 않아도 된다. 어차피 나의 긍정적인 에너지는 전달될 것이고 나의 말은 자녀들의 잠재의식 속에 씨앗으로 심겨 언젠가는 발현될 테니까.

돈 공부, 이미 시작했다면 축하를 전한다. 뜨겁게 응원한다.

돈 공부, 시작하기가 두렵다면 더 큰 축하를 전한다.

두려움을 이기며 성장할 수 있는 기회까지 덤으로 얻었으니까.

당신은 할 수 있다.

나는 엄마인 당신을 믿는다.

엄마는 가장 위대한 존재다.

자녀를 위해서라면 무엇이든 할 수 있는,

세상에서 가장 강한 존재.

당신은 엄마다.

유대인 부자들의 돈 버는 지혜

A씨의 고백: 나는 완전히 속았다. 아침부터 밤늦게까지 뼈빠지게 열심히 일하면 잘살게 될 줄 알았다. 언젠가는 부자가 될 줄 알았다. 가족 모두 행복하게 지낼 줄 알았다. 하지만 남은 건 가난과 나빠진 건강뿐이다. 애덤 스미스가 《국부론》에서 한 말을 진리처럼 믿었다. 부의 원천이 노동에 있고, 부의 증진은 노동생산력의 개선에 있다는 말을 믿고 더욱 열심히 일하면서 살았다. 급변하는 세상, 바뀌고 있는 부의 법칙에는 관심이 없었다. 이제는 정말 후회가 된다.

B씨의 고백: 나는 지금 행복하다. 삶에서 가장 행복한 시간들을 보내고 있다. 모든 것으로부터 자유롭다. 지금 당장이라도 가족들과 해외여행을 떠날 수 있다. 일을 안 해도 돈이 돈을 벌어다 주는 시스

템이 있기 때문이다. 나는 투자가이며 자본가다. 부동산 강의를 듣고 종잣돈을 모아 시작한 부동산 투자. 평택 삼성반도체 단지 바로 앞 지식산업센터에서 월세가 매달 꼬박꼬박 들어온다. 강방천 대표님의 책을 읽고 수입의 10퍼센트를 노후준비 자금으로 떼어 투자한 주식형 펀드, 없는 돈이라 생각하고 조금씩 사 모은 카카오와 네이버 등 우량주들이 5년이 되니 꽤 많이 모였다. 수익률도 높다. BTS를 주제로 그린 양대원 작가님의 작품을 비롯해 평소 좋아하는 유명 작가들의 그림을 내 집 거실에서 즐긴다. 더 좋은 건 그림의 자산 가치가 시간이 지날수록 올라가고 있다는 것이다. 시간 대비 수익률이 가장 높다. 예술도 즐기고 자산도 늘리고, 최고다! 아이들과 재미 삼아 천원, 이천 원씩 모아서 시작한 해외주식 소수점 투자도 시간이 갈수록 수익률이 꽤 높다. 직접 투자한 애플, 페이스북, 넷플릭스 등 미국 거대기업들에 관한 대화를 아이들과 함께 나누는 것은 또 다른 재미다. 시간, 돈, 건강, 관계, 일, 내 삶의 모든 면이 완벽하다.

5년 후 당신은 어떤 고백을 하고 있을까?

A씨와 B씨 둘 다 열심히 일했고 가족들을 사랑했다. 단 하나의 차이가 있을 뿐이었다. A씨는 돈에 무관심했고, B씨는 돈 공부를 하며 자본가로서의 삶을 준비했다.

돈 공부라는 작은 차이가 5년 후, 커다란 부의 차이를 가져왔다. 시간이 지날수록 그 차이는 더 크게 벌어질 것이다. A씨가 변화를 결심하지 않는다면 말이다. 하지만 그에게도 기회가 있다. 기회를 잡느냐, 잡지 않느냐는 그의 몫이다. 자본주의 세상이 그렇다. 단, 자신과 가족의 미래는 오롯이 자신의 책임이라는 사실을 기억하길 바랄 뿐이다. 그의 행운을 빈다.

솔직히 고백한다. A씨와 B씨는 같은 인물이다. A씨는 '과거의 나'이고, B씨는 '미래의 나'다. 중요한 점은 돈 공부가 한 사람의 삶을 완전히 바꾼다는 사실이다.

> **내가 돈을 버는 이유는 완전한 자유인이 되기 위해서다.**
>
> **워런 버핏**

도대체 돈 공부를 왜 해야 하는가? 왜 요즘 모두 돈! 돈! 돈! 하는 걸까?

버핏의 말처럼 돈 공부의 목적은 '자유'를 위해서다. 돈은 우리에게 자유를 안겨다 주는 위대한 발명품이다. 이제껏 '돈=악의 근원'으로 잘못 인식된 이유는 돈 자체가 나빠서가 아니라, 늘 그렇듯 인간의 탐욕이 문제였다.

돈은 우리에게 경제적 자유와 시간적 자유, 궁극적으로는 영혼의 자유를 선사한다. 이것이 유대인이 말하는 돈의 지혜다. 사람들은 다들 경제적 자유를 갈망하는 듯하지만, 사실은 영혼의 자유를 가슴 깊은 곳에서부터 원하고 있는 것이다.

문제의 본질은 간단하다. 당신은 당신 삶의 주인인가 노예인가? 그것은 당신에게 자유가 있느냐, 없느냐의 차이에 달려있다. 어쩌면 삶이란 빼앗겼던 주인의 권리를 다시 찾아오는 게임이 아닐까.

—— 당신이 가진 최고의, 그리고 최후의 자유는 바로 선택할 수 있는 자유이다.

유대인 의사, 빅터 프랭클의 베스트셀러 《죽음의 수용소에서》에 나오는 말이다. 그는 나치의 강제수용소에서 부모와 형제, 아내까지 잃고 자유를 박탈당한 삶을 살았다. 누군가는 성공을 이렇게 정의한다. "내가 원하는 시간에, 내가 원하는 사람과, 내가 원하는 일을, 내가 원하는 만큼 하는 것." 즉, 성공한 사람에게는 선택의 자유가 있다. 캥거루가 보고 싶다는 아이에게 "그래? 그럼 보러 가자"고 대답하며 그 자리에서 호주행 비행기를 예약하고 떠날 수 있는 자유가 있는가? 너무 거창하다면 쉬고 싶을 때 쉬고, 하루종일 좋아하는 일을 할 수 있는 자유가 있는가?

돈 공부를 통해서만 경제적 자유를 얻을 수 있다. 사람은 안정이 아니라 자유를 추구해야 한다. 자유를 통해서만 진정한 행복을 얻을 수 있는 존재이기 때문이다. 기쁜 소식은 자유를 향해 가는 그 길이 가장 확실한 안정을 보장한다는 사실이다.

> 기대를 갖고 여행하는 것이 목적지에 도착하는 것보다 낫다.
>
> 로버트 루이스 스티븐

'자유'라는 목적지를 향하는 돈 공부의 여정을 기대하며 즐기자. 그리고 자녀에게 진정한 자유를 선물하자. 이것이 바로 유대인 부자들의 돈 버는 지혜다.

왜 유대인 돈의 원리인가?

유대인은 전 인류의 1퍼센트도 되지 않는다.
순리대로라면 그들에 관한 이야기는 좀처럼 들리지 않아야 정상이다.
하지만 우리는 유대인에 관한 이야기를 늘 들어왔다.
우리가 듣는 이야기 속의 유대인들은 대부분 성공한 비즈니스맨이다.
막대한 규모의 브로드웨이가 실질적으로 그들의 수중에 있고,
독일에서는 대형 사업의 85퍼센트를 유대인이 쥐고 있다.
그들은 돈 버는 법을 아는 사람이다.
마크 트웨인

유대인들은 세계 금융 무대의 주인공이다. 세계 인구 0.2퍼센트에 불과한 유대인들이 세계 억만장자의 30퍼센트를 차지하고, 세계 100대 기업 소유주나 CEO의 40퍼센트를 차지한다는 말은 너무 다른 세상 이야기라 잘 와닿지 않을지 모른다. 그럼 이렇게 비교해보자. 세계 500대 기업의 간부 비율 한국인 0.3퍼센트 vs. 유대인 41.5퍼센트. 참고로 유대인의 인구는 우리나라의 3분의 1 수준이다.

'경영학의 아버지'라 불리는 피터 드러커는 중산층이 많은 구조, 즉 항아리 구조로 가는 사회가 바람직하다고 말한다. 하지만 기존의 자본주의는 이와 정반대의 구조를 양산하고 있다. 중산층이 없어지고 빈부격차는 더욱 심해지고 있다. 전문가들은 이로 인해 사람들이 느끼는 심리적인 박탈감이 현대 사회의 큰 문제라고 말한다.

이런 부조리한 흐름을 역행하는 민족이 있다. 바로 유대인이다. 미국 유대인구연구에 따르면 미국에 거주하는 유대인의 90퍼센트가 중산층이다. 100만 가구 중 약 90만 가구가 중산층이라는 말이다.[9] 유대인 피터 드러커가 말한 항아리 구조를 그의 민족은 이룬 셈이다. 그렇게 되면 가난한 사람들까지 걱정 없이 살 수 있다. 모두가 안정된 삶을 살게 되는 것이다.

유대인들에게는 '쩨다카'라는 나눔의 문화가 있다. 밥을 먹기 전에, 감사한 일이 생겼을 때, 공부하기 전에 집집마다 비치되어 있는 저금통에 동전을 넣는다. 저금통에 돈이 가득 차면 이를 기부한다. 걸음마를 못 하는 아기들도 엄마 손을 잡고 동전을 넣는다. 이처럼 사회 정의를 위해 기부된 돈은 가난한 사람들을 위해 쓰인다. 수천 년 동안 형성된 기부 문화는 서로를 도우며 살아가는 안정된 사회 시스템을 만들었다.

모두가 돈! 돈! 돈!만 외치는 지금, 진정한 '돈의 주인'으로 살아가는 사람들. 그들만의 특별한 '돈의 비밀'을 한 수 배워보자. 우리도 불변하는 '돈의 법칙'을 익혀서 '부와 성공'의 길로 들어가자. 자녀들에게 가장 확실하고 탁월함이 증명된 돈의 원리를 교육하자. 아이들에게 경제적 자유를 선물로 주자. 부모의 도착지점이 자녀의 출발선이라니. 출발선을 더 앞당겨 주자.

진리는 쉽고 단순하다. 유대인 부모는 돈의 법칙을 알고, 실천하고, 대물림한다.

유대인 엄마의 부자수업

이 책에서는 유대인 돈의 법칙 및 돈 교육에 대해서 다룰 것이다(4장). 유대 전통에 근거한 돈의 지혜는 오랜 역사를 통해 증명되었다. 사회가 아무리 빠르게 변하더라도, 최악의 경제 위기가 닥치더라도 결코 흔들리지 않는 돈의 원리를 그들은 알고 있다. 유대인은 돈의 지혜를 목숨처럼 지키고 가르쳐서 '부의 원리'를 대물림하는 데 성공했다.

"내 생애 최악의 경제 위기가 올 것이다."

세계 3대 투자가 짐 로저스의 예측이다. 세계 경제는 상승과 붕괴를 반복한다. 부자들은 새로운 기회와 가능성의 시대라 준비하고, 가난한 사람들은 공포와 불안에 떨고 있다. 급변하는 세계와 불확실한 경제 상황에 맞서 대응할 준비를 해야 한다. 이것이 내가 유대인 '부의 원리'에 주목한 이유이다. 유대인들은 과거 어떠한 경제적 풍랑 속에서도 가족을 지켜냈다. 오히려 위기를 부를 쌓는 기회로 삼았다. 유대인 돈의 원칙은 역사상 가장 오래되고, 검증되고, 인정받은 재정적 가르침이다.

유대인 '돈의 원리'를 공부한 이유는 단지 그들이 일궈낸 성과와 부의 규모에만 주목해서가 아니다. 수천 년 동안 전 세계에 흩어져 있던 유대인들이 각자 다른 시대, 다른 장소에서 만들어낸 동일한 업적이라는 사실에 놀라지 않을 수 없었다. 살던 곳에서 하루아침에 돈 한 푼 없이 쫓겨나는 역사의 반복. 그들은 새로 정착한 낯선 곳에서 맨몸으로 다시 '부'를 이루었다. 그들이 말하는 '돈의 원리'는 시공간을 초월한 보편적 진리라고 해도 과장이 아니다.

미국에서 대중의 랍비로 명성 높은 셀소 쿠키어콘은 영적 성장을 추구하면 돈은 쉽게 얻는다고 말한다.[10] 진정한 부의 근원은 영적인 차원에 있다고 주장하는 그는 소비하는 법, 집을 사는 법, 투자하는 법 등 돈과 관련된 모든 선택이나 활동이 각자의 영적 수준과 관련 있다고 주장한다.

쿠키어콘은 사람들이 더 건강하고, 부유하며, 의미 있는 삶을 영위하도록 돕는 것이 자신의 사명이라고 말하며 정기적으로 강연을 하고 있다. CNN, CBS, NBC, ABC, 〈뉴욕 타임스New York Times〉, 〈인터내셔널 헤럴드 트리뷴International Herald Tribune〉, 〈예루살렘 포스트Jerusalem Post〉 등에서 그의 활동을 특집으로 다루었으며, 그의 외증조부는 유대 사회의 큰 스승으로 존경받던 코츠케 레베이다. '돈과 영성의 관계'가 모순되게 들릴 수 있지만 그의 가르침은 이미 미국과 이스라엘의 수많은 사람들에게 영향을 끼치고 있다.

— 진정한 부유함이란 영적인 수준에서 비롯되며 거기에 충실할 때 물질적인 세계로도 더 쉽게 옮겨갈 수 있다. 이 개념의 진정한 의미를 이해하고 실천하는 것이야말로 어쩌면 부를 얻고 누릴 수 있는 가장 확실한 방법일지도 모른다.[11]

세상은 자연의 법칙에 따라 돌아간다. 겨울이 지나면 봄이 온다. 나무 위에 열린 사과는 시간이 지나 익으면 나무 아래로 떨어진다. 인류는 자연에 순응하고 우주의 법칙을 활용하며 살아왔다. 농부는 따뜻한 봄에 씨를 뿌려 서늘한 가을에 거둔다. 수학에도 법칙이 있다. 법칙대로만 하면 항상 동일한 결과가 나온다. 수영, 축구, 야구에도 규칙이 있다. 규칙을 제대로 배워서 적용하면 경기를 잘할 수 있다. 규칙을 아는 자가 게임을 지배한다.

유대인은 우주의 원리 전문가들이다. 돈의 법칙은 말할 것도 없다. 그들은 부의 법칙대로 살았고, 세계 최고의 부자라는 결과를 도출해냈다. 유대인 돈의 법칙을 제대로 배우고 적용하면, 자녀를 돈의 주인으로 키울 수 있다. 유대인은 노예 생활을 싫어한다. 노예로 지낸 기나긴 역사 때문일 것이다. 이 책은 노예였던 그들을 돈의 주인으로 만들어준 유대인 부의 지혜를 알려줄 것이다.

돈이 당신의 하인이 되어 돈을 벌어다 주고, 당신에게 자유를 선사할 것이다. 누구나 부자로 태어났다. 하지만 먼저 돈의 법칙을 제대로 배워야 한다. 그런데 이를 제대로 배울 수 있는 곳이 없다. 학교에서도 가르쳐 주지 않는다.

갈수록 각박해지는 자본주의 시대. 생존을 위해서 돈의 원리를 하루빨리 배워야 한다. 사랑하는 자녀와 소중한 가정을 지키려면 우선 부모가 먼저 공부해야 한다. 도전해야 한다. 유대인 돈의 법칙은 당신과 자녀의 미래를 지키는 강력한 무기가 될 것이다.

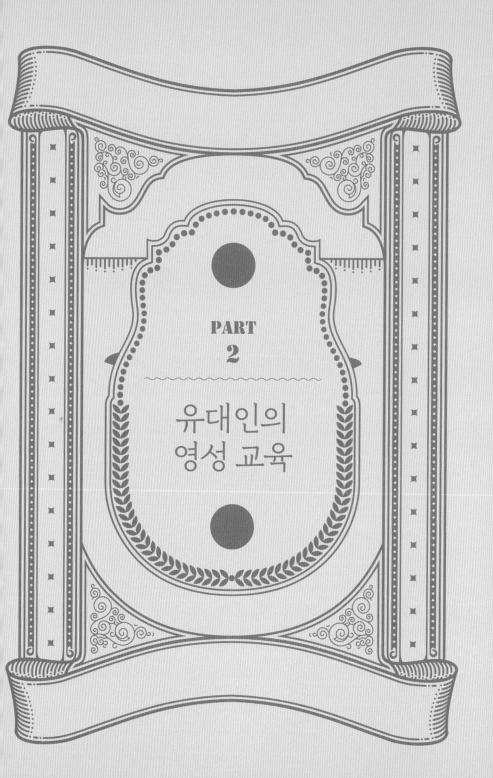

PART
2

유대인의
영성 교육

지금은 영성의 시대다.
변화의 흐름을 읽고, 변화를 유연하게 받아들이며,
변화에 능동적으로 행동하는 사람만이 부와 성공을 성취할 수 있다.
시대가 변하고 있다는 말은
새로운 게임의 법칙이 만들어지고 있다는 뜻이다.

부와 영성의 시대

영혼은 차별하지 않는 사랑이며
우리가 즐겁고 완전한 삶을 살아가게 만드는 것이다.
랍비 돈 싱어

유대인은 영성을 깨우는 교육을 한다. 영혼의 성장이 유대인의 교육 목표다. '진정한 부와 성공에 이르는 유일한 길은 영혼을 통해서만 가능하다'는 신념이 유대인들에게는 존재한다. 부모의 믿음을 먹고 자란 아이는 자신이 영적인 존재라는 사실과 자신 안에 무한한 능력이 있음을 알게 된다.

진정한 부와 성공은 영적인 힘으로만 이룰 수 있다. 세계 부호들이 '진정한 부는 마음의 평화'라고 정의하는 것과 같은 이치이다. 부에 대한 영적인 접근, 이것이 유대인이 세계 경제의 지배자가 된 비결이며, 마음까지 성공한 진정한 부의 비밀이다. 영성은 유대인 부자교육의 시작이자 완성이다.

유대인은 영성시대 전문가

유대인은 세상에서 가장 영적인 민족이다. 따라서 부의 법칙상 세계 최고의 부자가 될 수밖에 없는 민족이다. 유대 전통은 극과 극의 완벽한 균형과 조화 속에 우주의 대원리가 있다고 말한다. 보이는 물질세계의 상징인 '돈'과 보이지 않는 비물질세계의 상징인 '영성'이 균형과 조화를 이룰 때 엄청난 시너지가 발생한다. 둘이 서로 통하며 하나가 될 때 완전해지며 함께 상승하게 된다. 지금이 '부와 영성'의 시대라는 사실이 그 흐름을 명확히 반영한다.

배동철, 최윤식 아시아미래인재연구소 공동소장은 부를 창출하는 핵심요소 중의 하나가 바로 '영성'이라고 주장한다.

── 전통적으로 영성은 종교적 범주에 드는 것이었지만, 미래사회에서는 달라진다. 영성이 곧 부를 지속가능케 하는 핵심적인 능력 중의 하나로 급부상하고 있다.[12]

지금은 영성의 시대다. 변화의 흐름을 읽고, 변화를 유연하게 받아들이며, 변화에 능동적으로 행동하는 사람만이 부와 성공을 성취할 수 있다. 시대가 변하고 있다는 말은 새로운 게임의 법칙이 만들어지고 있다는 뜻이다. 이기는 법칙 즉, 부와 성공의 법칙도 달라지고 있다.

두 저자는 한국 최초의 민간 미래 예측 및 전문 연구기관인 아시아

미래인재연구소를 설립했다. 그들은 기존 패러다임의 충돌로 인해 세계가 빠르게 변하고 있으며, 기존의 부와 성공의 법칙은 파괴되고 새로운 부와 성공의 법칙들이 생겨나고 있다고 말한다. 그리고 새로운 부가 모이는 키워드인 '영성'에 주목해야 한다고 주장한다.

"미래의 패러다임 중 하나는 바로 영성 사회가 될 것"이라는 한국 미래학자들의 13년 전 예측이 이제 현실로 드러나고 있다. 예전에는 종교의식 정도로 여겨졌던 명상은 이제 자기계발의 아이콘이 되었다. 정신문화는 더 높은 차원을 향해 발전하고 있고, 이러한 현상은 앞으로 더욱 가속화될 것이다.

지금은 거의 모든 분야에 자유, 명상, 마음, 영혼, 참 자아, 우주, 신 같은 정신적인 단어들이 인기 키워드다. 사람들은 보이지 않는 세계, 보이지 않는 존재, 보이지 않는 힘에 대해 더욱 깊이 알고 싶어 한다. 비물질적인 것으로 인해 물질적인 세계가 결정되는 것을 체감하고 인정한다. 세상은 빛의 속도로 바뀌었다. 20년 전만 해도 완전히 다른 상황이었다.

나는 이러한 시대의 변화를 몸소 느낀 사례이다. '삶의 의미'와 '정체성'을 찾아 헤매며 전공보다 심리학과 철학 강의를 좋아했던 대학 시절, '자유'를 갈망하며 훌쩍 떠난 유럽 유학, '진리'를 찾아 떠난 프랑스 불교명상마을, '영혼'이 가장 행복했던 영성 공부. 2000년대 초 나의 이야기다.

당시만 하더라도 명상, 마음공부는 지금처럼 대중적인 상황이 아니었다. 보이지 않는 영적 세계는 종교인들만의 영원한 화두였다. 교복을 입고 명상센터를 찾았던 십대 시절의 나를, 소위 말하는 '영적 세계에 몸담은' 사람들조차 의아하게 생각했을 정도였다.

그러나 세상은 바뀌었다. 그리고 지금도 혼돈과 질서를 반복하며 생존과 성장을 위해서 빠르게 변하고 있다. 기존의 패러다임으로 급변하는 세상을 산다는 것은 결과가 뻔한 게임에 참여하는 것이다. 성장은커녕 생존조차 어려울 수 있다.

세계적 금융위기로 혼돈의 상황일 때, 코로나19 팬데믹이 전 세계를 강타하여 유례를 찾아볼 수 없을 정도로 크나큰 혼란을 일으키고 있다. 하지만 자연의 법칙에 따라 혼돈은 새로운 질서를 만들며 더 나은 세상을 향해 나아갈 것이다. 따라서 우리는 새로운 질서와 새로운 법칙을 알아야 한다. 다가오는 세상에서 부와 성공의 기회를 잡으려면 말이다.

일례로 팬데믹과 함께 디지털 가속화 현상은 인간을 더욱 빨리 가상세계로 끌어들이고 있다. 새로운 가상세계의 질서와 법칙을 받아들이고 익혀야 한다. 준비하지 않으면 단순히 '부자가 될 수 없다'가 아니라 '생존이 어렵다'는 냉혹한 현실을 맞닥뜨리게 될 것이다.

미래의 변화를 읽으면 이길 수밖에 없는 부와 성공의 법칙이 보인다. 영성 시대의 패러다임을 읽으면 새로운 부의 기회를 잡을 수 있다. 영성 시대에 누구나 성공할 수밖에 없는 부의 법칙은 반드시 존재한다. 그 법칙을 가장 잘 아는 민족이 유대인이다. 그들은 민족의 역사 시작부터 오늘에 이르기까지 수천 년 동안 영성 시대를 살아왔기 때문이다. 우리에게는 새로운 부와 성공의 법칙이 그들에게는 수천 년을 살아온 삶의 방식이자, 나라 없이 떠돌아다니며 상상조차 불가능한 수많은 박해 속에서 살아남은 생존법이었다. 동시에 세계 무대의 주역이 된 성공법이기도 하다.

영성이 답이다. 영혼이 답이다

유대인은 세상에서 가장 영적인 민족이며, 영적인 유산을 대물림하는 데 성공한 민족이다. 그들은 개인의 영성과 민족적 집단 영성이 하나다. 민족 전체를 움직이는 힘이 바로 유대인의 영성이며, 2000년 전 무너진 나라를 1948년 다시 일으켜 세운 힘도 그들의 영성이다. 쫓겨나듯 전 세계로 흩어진 유대인들이 지금까지 자신들만의 문화와 정체성을 지켜낼 수 있었던 힘도 영성이며, 수천 년 인류 역사를 관통하며 시대마다 꽃피운 천재성의 비밀도 영성이다. 노벨상 수상자의 23퍼센트를 차지하고 스피노자, 프로이트, 마르크스, 아인슈타인 등 수많은 천재들을 배출하며, 인류의 삶과 문화를 바꾼 유대인의 저력은 다름 아닌 영성에 있다.

나는 앞에서 "유대인의 부자교육에 있어서 영성은 시작과 완성"이라고 했다. 이 말은 아주 중요하다. 유대인의 자녀교육이나 성공비결을 담은 좋은 책들은 많다. 행함이 없는 앎은 진정한 앎이 아니라고 했다. 하지만 유대인 관련 책에서만큼은 이 말이 통하지 않을 것이다. 설령 책에 나오는 내용을 하나도 빠짐없이 행동으로 옮긴다 해도, 유대인의 영성을 제대로 이해하지 못하면 그들과 같은 결과를 만들어 내기는 어려울 것이다.

나는 지금 유대인의 종교에 대해 말하는 것이 아니다. 세계적 부와 성공을 이룬 유대인 저력의 원천 곧 영성을 말하고 있는 것이다. 어느 특정한 시대에만 통용되거나 특별한 몇몇 사람만의 성공 비결이 아닌, 시대와 공간을 초월하여 증명된 성공 법칙의 근원을 이야기하는 것이다.

새로운 영성 시대의 도래를 알린 세계적인 석학이 있다. '플라톤 이래 가장 위대한 사상가', '문화 창조자', '의식 연구의 아인슈타인'이라는 엄청난 수식어가 붙는 심리학의 대가 켄 윌버는 매우 중요한 질문을 던진다. 그리고 그 질문 속에는 가야 할 길에 대한 답이 있다.[13]

── 당신은 이러한가? '영적인, 그러나 종교적이지 않은'

바로 이것이다. '종교적이지 않으면서 영적인' 열린 마음으로 유대인의 부자교육을 받아들인다면 자녀에게 멋진 미래를 선물할 수 있다. 종교를 떠나 인간이라면 누구나 진리를 향한 감각이 있다. 그것을 영

성이라고 표현할 수 있지 않을까.

《탈무드》나《이솝우화》에 나오는 이야기에서 깨달음을 얻는 것처럼, 유대인들의 부와 성공 법칙은 시공간을 초월한 진리라고 감각적으로 느낄 수 있을 것이다.

　이 책을 읽으며 당신의 느낌을 잘 관찰하라. 그리고 꼭 기억하라. 어느 책의 제목처럼 "지금 그 느낌이 답"이라는 사실을.

부자의 뇌를 디자인하라

뇌는 영혼의 하드웨어다.
올바로 작동하지 않으면, 우리가 진정 되고 싶어 하는 사람이 될 수 없다.
다니엘 G. 에이멘

유대인의 천재적인 두뇌는 이미 전 세계의 인정을 받고 있다. 이제는 그들의 '부자 뇌'에 주목할 때다. 〈포브스〉가 선정한 2018년 미국의 최고 부자 10명 중 5명이 유대인이다.[14] 페이스북의 마크 저커버그, 오라클의 래리 엘리슨, 구글의 래리 페이지와 세르게이 브린 그리고 전 뉴욕 시장 마이클 블룸버그다. 그 외에 수많은 유대인 자본가들이 세계 최고의 자리에 올랐다. 그들에게는 '부자의 뇌'를 만드는 유대인 부자교육이 있다. 상위 1퍼센트만을 위한 교육이 아니라 하위 1퍼센트까지 성공시키는 교육, 수천 년의 지혜가 담긴 특별한 교육에 부자 뇌의 비밀이 숨겨져 있다. 뇌 과학 전문가들에 의하면 부자의 뇌는 따로 있다. 미국 듀크 대학의 뇌 과학자 스코트 휴텔 박사는 부자들이 이마 쪽에 위치한 배외측 전전두엽을 일반인보다 훨씬 효과적으로 사용한다고 한다.

— 부자들은 부를 증식시키거나 자신이 원하는 목표를 이루는 데 있어
서 이 부분을 일반인들보다 매우 집중적이며 효율적으로 사용한다.
부자가 되기 위해서는 자신의 지식과 경험을 패턴화하면서 일종의
통찰력을 만들어 내는 것이 아주 중요한데, 전전두엽의 기능이 이
런 것과 직접적으로 연관되어 있다.
부자들은 바로 이런 전전두엽의 패턴화된 통찰력을 바탕으로 투자
와 관련된 의사결정을 하기 때문에 일반인들보다 더욱 뛰어난 판단
과 성공을 거둘 수 있다는 것이다.[15]

부자의 생각, 부자의 말, 부자의 행동은 패턴화되어 뇌에 각인된다. 다
시 말해서 뇌에 부자가 되는 길이 생기는 것이다. 같은 것을 계속 생
각하고, 계속 말하고, 계속 행동하면 두뇌에 길이 생긴다. 길이 없던
곳도 반복해서 계속 지나다니면 자연스레 길이 만들어지고 시간이 지
날수록 더 뚜렷하고 확실한 길이 되듯 말이다.

부자의 뇌! 누구나 가질 수 있다

뇌에 부자의 길이 있느냐 없느냐에 따라 부와 가난이 결정된다. 같은

상황을 만나도 부자와 빈자는 서로 다른 생각을 한다. 예를 들어, 투자의 기회가 왔다고 하자. 부자는 냉철한 사고와 빠른 판단으로 행동 여부를 결정한다. 긍정적으로 판단되면 즉시 행동한다. 반면 가난한 사람들은 '나는 투자를 해본 적이 없어서 못해' 혹은 '이것마저 다 잃을지 몰라' 등의 부정적인 생각이나 두려운 감정으로 행동이 지연되거나 결단하기를 거부한다.

생각은 감정을 낳고 감정은 행동을 낳는다. 그리고 행동은 결과를 만든다. 결국, 부와 가난이라는 결과의 차이를 만드는 것은 바로 생각하는 뇌다. 그러면 가난한 사람도 부자의 뇌를 가질 수 있을까?

모든 사람에게는 이미 부자의 뇌가 있다. 다만 지금까지 부를 이루지 못했다면 그 능력이 잠자고 있는 것이다. 부자가 되려면 잠들어 있는 부자의 뇌를 깨워야 한다. 그 결과 탁월한 통찰력, 뛰어난 분석력, 빠른 실행력 등 부자의 자질을 갖추게 된다. 자본주의 게임에서 승리할 수 있는 강력한 무기다.

뇌 과학 전문가이며 주식회사 '두뇌학교'의 설립자 가토 토시노리는 각자가 원하는 모습으로 변화하기 위해 뇌를 바꿀 수 있다고 주장한다. 미국 미네소타 대학 방사선과 MR연구센터에서 태아부터 100세 노인에 이르기까지 약 1만 명 이상의 뇌 영상을 분석한 후 그가 내린 결론은 근육 트레이닝처럼 뇌도 단련할 수 있다는 것이다. 누구나 부자의 뇌를 만들 수 있다!

그는 '뇌 번지' 개념을 도입하여 뇌의 부위별로 그 기능과 위치에 따라 번지수를 매긴다. 각자가 원하는 특정 뇌의 능력을 깨우거나 강화시킬 수 있다는 주장이다. 체력 단련을 할 때 특정 운동이 특정 부위의 근육을 발달시켜 주듯이, 뇌 또한 그 부위에 맞는 자극을 주면 되는 것이다. 가토 토시노리는 결국 뇌를 깨우는 비결은 반복적으로 다양한 정보를 흡수하고 경험을 쌓는 것이라고 말한다.[16]

부자의 뇌를 만드는 '하브루타'

전통적인 유대인 공부법 '하브루타'는 두 명씩 짝을 지어 주제에 대해 격렬하게 논쟁하는 방식이다. 이것은 고난의 역사가 만든 최고의 창조물이다. 유대인들은 늘 결핍 속에서 위대한 창조력을 발휘한다. 가진 것 없이 하루아침에 쫓겨나 새로 도착한 낯선 곳에 스승이 있을 리만무했다. 배움을 생명같이 여겼던 유대인들은 스승 없이도 공부할 수 있는 방법인 하브루타로 공부하기 시작했다.

하브루타는 서로가 서로에게 스승이 되는 공부법이다. 하브루타를 위해서는 철저한 사전 준비를 해야 한다. 가르치기 위해서는 한 번의 독서로는 턱없이 부족하다. 《탈무드》를 반복해서 읽어야 한다. 읽고 또 읽고 다시 읽으며 생각하는 동안 뇌에 부자의 길이 만들어지고 새겨진다.

현대 뇌 과학자들은 독서를 통해 뇌 구조를 바꿀 수 있다고 주장한다. 뇌 과학 독서법을 개발한 김병완 작가는 '독서는 메스를 대지 않고 뇌를 바꿀 수 있는 방법'이라고 말한다. 그에 의하면 독서를 통해 누구나 천재가 될 수 있다.

> 독서를 하면 뇌 구조가 바뀐다. 메스를 대지 않고도 당신의 뇌 구조와 시냅스와 내용물을 모조리 재창조하는 기적을 맛볼 수 있다. 최근의 뇌 과학들이 하나같이 말하는 것이 이것이다. 독서를 하면 인간의 뇌가 물리적으로 재생성되고, 재배치되고, 심지어 재탄생된다는 것이다. 이렇듯 독서를 하면 평범한 사람도 천재가 될 수 있다.[17]

더구나 하브루타를 위한 독서는 특별하다. 단순히 정보를 받아들이는 독서, 즉 인풋(in-put)을 위한 독서가 아니라 '가르치기' 위한 아웃풋(out-put)을 위한 독서이다. 독서의 동기부터 다르다. 가르치기 위해 더 적극적이고, 더 의식적인 독서를 해야 한다. 그 결과 더 빨리, 더 강력하게 뇌가 활성화된다.

최첨단 뇌과학 연구 결과는 '말하기'가 최고의 학습법이라고 말한다. 수천 년 동안 이어 온 하브루타의 효과가 증명된 셈이다. 세계적인 행동과학연구소의 연구 결과, 남에게 말로 설명하면 24시간 후 학습 내용의 90퍼센트를 기억한다. 반면 우리나라의 주된 교육방식인 일방적 듣기 공부법은 5퍼센트밖에 기억하지 못한다고 한다. 슬픈 현실이다.

적극적인 독서를 통해 전두엽이 활성화된다. 특히 말하기 능력을 담당하는 전두엽은 하브루타 토론 학습법을 통해 비약적으로 발달하게 된다. 앞서 부자들의 통찰력을 담당했던 전전두엽 역시 하브루타 독서와 말하기 활동을 통해 자극을 받게 된다.

유대인은 하브루타를 통해 수천 년 동안 두뇌를 단련해왔다. 언제 쫓겨날지 모르는 상황에서 자신을 지킬 수 있는 방법은 뇌력밖에 없음을 깨달았다. 유대인 부자교육은 부자의 뇌를 창조한다. 누구도 빼앗아 갈 수 없는 두뇌의 힘은 어떠한 환경 속에서도 자녀를 지켜낼 것이다. 유대인들이 그랬듯이 말이다.

부자의 뇌를 만드는 질문

━━━━━━

답을 가르치지 말고 질문하게 하라
탈무드

유대인은 질문교육을 한다. 질문의 힘은 강하다. 질문은 생각의 힘을 길러준다. 반대로 생각을 해야 질문도 할 수 있다. 따라서 질문은 적극적 사고의 동기이자 결과이다. 소극적 사고는 뇌가 정보만 받아들이는 차원이다. 이때는 뇌의 후두엽이 활성화된다. 질문을 통해 적극적인 사고를 할 때 전두엽이 활성화된다. 즉, 질문은 부자의 뇌를 지극한다.

경영전문가 이홍 교수는 "인간은 어떻게 생각할까?"라는 질문을 던지며 다음과 같이 답한다. "그 방아쇠는 바로 질문이다. 질문이 생기면 사람은 뇌의 전두엽이라는 곳을 쓰게 된다. 전두엽은 이마 부위에 자리 잡고 있는데, 질문이 생기면 활성화된다."[18]

학교에서 돌아온 아이에게 한국인 엄마는 "선생님 말씀 잘 들었어?"라고 묻고, 유대인 엄마는 "오늘은 무슨 질문을 했니?"라고 묻는다는 말이 있다. 실제 근거가 있는 말이다. 이 예화의 주인공은 이시도르 라비Isidor Isaac Rabi라는 유대인 과학자이다. 1944년 핵 자기공명 기술을 개발하여 노벨 물리학상을 받은 인물이다.

라비의 어린 시절은 부유하지 않았다. 미국으로 이민 온 그의 부모는 뉴욕 빈민가 브루클린에 정착한 후 라비를 낳았다. 하지만 가난도 자녀의 성공을 향한 유대인 엄마의 열정을 멈추지 못했다. 라비는 인터뷰에서 훌륭한 과학자가 될 수 있었던 비결을 다음과 같이 밝혔다.

— 학교가 끝나서 집에 가면 다른 어머니들은 한결같이 오늘 학교에서 무얼 배웠느냐고 물었습니다. 하지만 제 어머니는 오늘은 학교에서 무얼 질문했는지 궁금해하셨어요. 어머니의 물음이 오늘날 저를 만들었습니다.[19]

'오늘은 학교에서 무슨 질문을 했니?'라는 엄마의 질문이 어린 라비의 가슴에 심겼다. 엄마의 질문 씨앗은 또 다른 질문을 낳았다. 아이는 마음속에 '어떤 질문을 할까'라는 또 다른 질문을 늘 품고 있었다. 질문은 수많은 질문을 만들어 냈다. 어렸을 때부터 질문하는 습관을 소유한 라비는 과학자가 되어 무수히 많은 과학적 질문들을 품게 되었고, 그 답을 찾아갔다. 질문은 창조의 씨앗이다. 질문에 대한 답을 찾아가는 과정 끝에 새로운 기술을 개발하고, 노벨 물리학상까지 받은 것이다.

질문은 새로운 관점을 창조한다. 상황과 사물을 다르게 보는 눈을 가진 아이는 남과 다른 창의적 사고를 할 수 있다. 유대인은 자녀의 창의적 사고력을 길러주기 위해 끊임없이 질문을 던지며 함께 대화한다. 스스로 생각하는 아이, 세상을 보는 자신만의 관점을 가진 아이는 자기주도형 공부는 물론, 스스로 멋진 인생을 개척해 나간다. 그리고 부자가 반드시 갖추어야 할 세 가지 자질인 판단력, 분별력, 통찰력을 갖춘 21세기형 리더로 성장한다.

유대인의 질문은 두 가지로 집약된다. 바로 Why와 How이다. 그들의 질문은 처음에는 Why에 무게가 실리지만 How와 연결되어 있고, 점차 무게중심이 후자로 이동한다.

WHY?

특히 유대인의 'Why' 질문법은 세계적으로 유명하다. 부자의 뇌를 만드는 가장 강력한 방법이 끊임없이 '왜'라고 질문하기이다. 아인슈타인은 한 질문에 대한 답을 얻기 위해 10년 동안 계속 생각했다고 한다. 반복적 사고는 부자의 뇌를 활성화한다. 이홍 교수는 "전두엽을 자극하는 가장 강력한 질문이 '왜'다. '왜'는 능히 인간 언어의 여왕이라고 불릴 만하다"고 말한다.[20] '왜?'라는 질문은 문제 인식 단계이다.

HOW?

문제를 인식한 후에는 그 다음 단계인 문제 해결을 위한 'How' 질문으로 이어진다. '어떻게' 문제를 해결할 수 있을지 끊임없이 질문한다. 세계적인 금융 컨설턴트이자 금융교육 회사 '리치 대드 컴퍼니'를 설립한 로버트 기요사키 역시 부자가 되기 위해서 질문이 얼마나 중요한지를 강조한다. 부자교육을 통해 기요사키를 부자로 키운 부자 아빠는 "그럴 형편이 안 된다"는 말은 절대 입 밖으로 내지도 못하게 했다. 대신 "어떻게 하면 그럴 형편이 될 수 있을까?"라고 질문하도록 가르쳤다.

"그럴 형편이 안 된다"는 말에는 뇌의 사고가 필요 없다. 그걸로 끝이다. 하지만 "어떻게 그럴 형편이 될 수 있을까?"라고 질문하는 순간 전두엽은 활성화된다. 반복적으로 같은 질문을 하고, 같은 생각을 하면 뇌에 부자의 길이 만들어진다. 어느 순간 그럴 형편을 만들 수 있는 아이디어들이 하나둘씩 생기기 시작한다. 로버트 기요사키는 그 질문이 자신의 내면에 존재했던 '부자'를 밖으로 끄집어냈다고 말한다. 질문을 할 때마다 자신이 부자라는 인식이 강화되었다고 덧붙였다.[21]

역시 부자 아빠는 부자 아빠다! '어떻게'라는 질문 하나로 어린 기요사키 내면에 잠자고 있는 부자를 깨웠으니 말이다. 질문에 대한 답을 찾는 사고 과정을 통해 자녀의 두뇌에 부자의 길이 생긴다. 반복되는 질문은 그 길을 더욱 확실하고 뚜렷하게 만든다. 세상이 풀지 못한 문제를 해결하는 창의적인 부자는 How 질문에서 탄생한다.

끊임없는 질문 연습하기

우리도 당장 질문으로 부자의 뇌를 훈련해보자. 전두엽에 불이 반짝 반짝 켜지도록 말이다.

'**왜** 유대인은 부자가 되었을까?'

하버드대학교 쑤린 교수는 유대인 부의 비결을 '생각의 차이'라고 말한다. 그들의 특별한 사고능력이 부의 차이를 만들었다는 말이다. 질문은 또 다른 질문을 낳는다.

'그들은 **어떻게** 남과 다르게 생각하는가?'

쑤린 교수는 유대인들에게 돈을 버는 것은 생명과도 같다고 말한다. 그렇기 때문에 삶 속에 일어나는 모든 일을 돈과 연결시켜 사고한다고 설명한다. 그는 이렇게 말한다.

— 유대인은 언제 어디서나 그들의 지혜를 돈과 연결시킨다. 어떤 것이든 유대인의 손에 들어가면 돈과 인연을 맺는다. 그들은 일찌감치 문화와 예술을 포함한 모든 분야를 상품으로 만들었다. 유대인에게 돈을 버는 것은 하나의 신앙이자 삶의 목적이며 존재의 이유다.[22]

쑤린 또한 근본적인 질문을 던지고 스스로 답한다.

'**왜** 유대인은 '부'의 선구자인가?'

'언제 어디서나 어떻게 하면 돈을 벌 수 있을지를 생각하기 때문이다. 이것이 바로 유대인의 생각공부이자 부를 축적하는 가장 순수한 생각공부'라며 좋은 질문으로 훌륭한 답을 이끌어냈다.

'어떻게 하면 돈을 벌 수 있을까?' 유대인들은 끊임없이 질문했다. How 질문이 부의 사고를 가능케 했다. 하나의 질문이 삶 전체를 이끌었다. 그들의 영혼 속에 새겨진 이 질문은 삶 속에서 만나는 모든 상황과 사물을 돈과 연결하는 생각습관을 형성했다. 그 결과 수천 년 동안 전두엽을 자극하며 부자의 뇌를 가진 민족이 되었다.

마지막이 될 것 같은 질문 하나가 떠오른다. 답도 거의 동시에 따라온다.

'왜 그들은 늘 돈에 대해 생각했을까?'

죽음보다 두려운 배고픔과 가난의 고통을 겪은 그들에게 돈은 인간의 존엄성을 최소한이라도 지킬 수 있는 수단이었기 때문이다.

그리고 인간의 존엄성을 최고로 유지할 수 있는, 모든 사람이 사랑과 행복을 누릴 수 있는 더 나은 세상을 꿈꾸기 때문이다.

내면에 잠든 부자를 깨우라

자녀를 비교하지 말고 무시하지 말라.
자녀는 자녀의 삶을 살기 위해 태어난 것이다.
유대 격언

초예측, 초격차, 초연결, 초의식, 초집중

요즘 '초(超)'가 앞에 붙어 만들어진 신조어들이 인기다. '~넘다', '~넘어서다'라는 뜻이 포함된 접두어 '초'는 기존의 것을 넘어선, 비교할 수도 경쟁할 수도 없는 위대함을 나타낸다. 이 접두어는 평범한 단어들을 대단하고 매력적인 단어로 변신시키는 마법 같은 힘을 가졌다.

초능력! 예전에는 인간이 가질 수 없는 능력이라는 느낌 때문에 공상과학 영화에서나 나올 법한 단어였다. 하지만 지금은 누구나 내면에 무한한 잠재력이 있다는 사실을 깨닫고 있다. 바로 잠재의식의 힘이다. 초능력, 즉 무한한 잠재력이 우리 자녀들에게도 있다. 로버트 기요사키에 의하면 잠재의식의 힘은 부자들이 절대 남들에게 알려주지 않는 부의 비밀이다.

"신은 모든 곳에 있을 수 없어 엄마를 만들었다"는 유대 격언이 있다. 엄마는 신처럼 위대하다. 신은 보이지 않는 것을 본다. 자녀 안에는 보석이 숨어 있다. 그것은 무한한 부의 능력이다. 엄마는 자녀 안에 숨겨진 무한한 가능성을 볼 수 있어야 한다. 그렇지 않으면 아이가 자라면서 스스로 깨달아야 하고, 그만큼 인생을 낭비하게 되는 것이다. 운이 나쁘면 아이만의 보석은 아무에게도 발견되지 않은 채 잊히고 말지도 모른다.

거대한 대리석 안에 이미 존재해 있던 다비드 상을 미켈란젤로만이 보았다. 당대 가장 유명했던 조각가들조차도 포기했던 다비드 상. 그러나 미켈란젤로에게는 돌덩어리에서 다비드가 아닌 부분만 제거하면 되는 일이었다.

> 모든 것은 제각기 아름다움을 가지고 있으나
> 모든 이가 그것을 보는 것은 아니다.
>
> 앤디 워홀

누군가의 눈에는 흉측하고 거대한 돌덩어리일 뿐이었고 누군가의 눈에는 아름답고 위대한 다비드 상이었다. 숨겨진 아름다움과 위대함을 통찰한 천재 조각가가 아니었다면 다비드 상은 세상 밖으로 나오지 못했을 것이다. 영원히 흉측한 돌덩어리로 남아 있었을 것이다.

자녀 안에 잠든 부자가 있다. 자녀 안에 무한한 부의 능력이 숨어 있다. 그런데 그 능력을 한 번도 발휘하지 못한 채 다람쥐 쳇바퀴 돌 듯 똑같은 일상을 반복해서 살아간다면 얼마나 슬픈 일인가? 우리 아이들이 성인이 되어 일에 쫓기고, 시간에 쫓기고, 돈에 쫓기고, 사람에 쫓기는 일벌레처럼 살아가는 모습은 생각조차 하고 싶지 않다.

모든 부모는 자녀의 행복과 성공을 바란다. 부모는 노후의 인생을 희생하면서까지 수입의 큰 부분을 자녀의 사교육에 투자한다. 그들이 성공한 삶, 행복한 삶을 살기를 바라기 때문이다. 하지만 문제는 현재의 투자 방식으로는 자녀의 성공과 행복을 보장할 수 없다는 점이다. 과거에는 가능했지만 더는 아니다. 게임의 판과 법칙이 완전히 변했다.

자본주의 사회에서 최소의 투자로 최대의 수익을 보장하는 교육법이 있다. 교육투자에 있어서 최고 수익은 자녀의 성공과 행복이다. 그리고 유대인 부자교육은 높은 수익률을 보장할 것이다. 부자교육은 자녀 안에 있는 부의 잠재능력을 끌어내어 최대한 발휘하도록 돕는다. 이는 자본주의 사회에서 부와 성공에 이르는 가장 확실하고 효과적인 길이다.

무엇을 해서 먹고살까? 무엇을 가르쳐야 할까? 고민할 필요가 없다. 자녀 안에 있는 무한한 잠재력을 깨우기만 하면 된다. 그러면 아이 안에 이미 존재하는 힘이 부와 성공을 끌어당긴다. 유대인은 이러한 자연의 섭리, 우주의 원리를 알고 있었다. 보이지 않는 것과 보이는 것은 하나다. 보이지 않는 힘은 반드시 보이는 결과를 도출해낸다.

자녀가 행복한 부자가 되기를 진심으로 원한다면, 삶의 주인으로 당당하게 살기를 진정으로 원한다면, 아이의 내면으로 시선을 돌려야 한다. 자녀의 내면에 잠자고 있는 부자를 깨워야 한다.

자녀 안의 부자를 깨우려면 어떻게 해야 할까? 유대인 부자교육이 그 길을 안내해 줄 것이다. 부자교육은 자녀 안에 숨겨진 능력들을 하나하나 깨워 나갈 것이다. 세상의 교육과 가치관들이 아이의 순수한 잠재력을 오염시키기 전에 엄마가 먼저 나서야 한다. 어릴수록 쉽고 자연스럽게 받아들이기 때문이다.

자신의 잠재력을 깨워 멋진 결과를 세상에 보여준 주인공이 있다. 베스트셀러 《네 안에 잠든 거인을 깨워라》, 《거인의 힘 무한능력》의 저자 토니 로빈스다. 그에게는 정신적 아픔을 겪고 있는 엄마가 있었다. 자신을 향한 엄마의 심한 집착으로 로빈스는 어려서부터 불행한 삶을 살았다. 성인이 된 그는 인생의 덫에서 벗어나고자 발버둥쳤다.

토니 로빈스는 변화와 성장의 과정 중에 자신 안에 있던 무한한 잠재력을 깨달았다. 그리고 스스로 훈련하며, 내면의 힘을 최대한 발휘하는 삶을 살게 되었다. 현재 그는 수많은 세미나와 강연을 통해 전 세계 수백만 명 사람들의 잠재력을 깨워주고 있다. 또한 사업가, 투자가로도 성공하여 그가 참여하고 있는 12개의 회사의 총 매출액은 연간 50억 달러 이상에 달한다. 보이지 않는 무한한 잠재력을 깨운 후, 보이는 현실 세계의 삶은 완전히 달라졌다.

유대인 부자교육은 자녀 안에 있는 잠든 부자를 깨우는 교육이다. 자신만의 역량을 최대한 끌어내 진정한 부자가 되도록 돕는 것이 부자교육의 목표이다. 유대인은 시공간을 초월하여 가장 탁월한 결과로 증명된 부자교육 노하우를 가지고 있다.

이제 당신의 결단만 남았다. 결단하는 순간 하늘이 움직이기 시작한다. 유대인 부자교육이 혁신적 변화의 첫걸음을 안내할 것이다.

부의 씨앗, 창조의 씨앗

———

미칠 정도로 멋진 제품을 창조하라.
스티브 잡스

세상에서 가장 창의적인 CEO, 스티브 잡스.

한 사람의 창조력이 세상을 바꾸었다.

한 사람의 창조력이 새로운 문화를 탄생시켰다.

한 사람의 창조력이 혁신 기업을 세워 엄청난 부를 창조했다.

결국 사람이 세상을 바꾸고 미래를 창조한다. 새로운 세상을 만들고,
미래를 변화시키는 능력. 그것이 창조력이다.

창조 에너지가 넘치는 사람들이 있다. 유대인들은 신이 인간에게 이
행성을 선물로 주었기에, 끊임없는 창조를 통해 더 나은 세상을 만드
는 것은 인간의 사명이라고 여긴다. 이는 "세상을 완성한다"는 개념
인 '티쿤 올람' 사상이다. 유대인은 모든 사람에게 세상을 창조하는
무한한 능력이 있다고 믿는다. 그리고 그 잠재력을 최대한 발휘할 수

있는 환경을 만드는 데 투자를 아끼지 않는다.

《이매지노베이션》의 저자 윤종록 교수는 부족한 환경 속에서도 이스라엘을 21세기 혁신의 주인공으로 만든 '티쿤 올람' 사상을 주목하자고 조언한다.

— 이스라엘을 중심으로 한 유대인들의 창업 도전이 21세기를 주름잡고 있다고 해도 과언이 아니다. 연간 강우량 400밀리미터의 척박한 땅인 데다가 적들의 틈에서 한시도 한눈팔 여유마저도 허락되지 않는 나라가 이스라엘이다. 그런 나라가 21세기 혁신을 리드하고 있는 저변에는 이런 종교적 신념도 한몫하고 있다 하겠다.

신이 인간에게 멋진 우주를 선물했다면 이 세상을 더 좋은 곳으로 만드는 것은 인간의 몫이라는 '티쿤 올람'은 이 시대를 살아가는 우리 모두가 귀담아 들어야 할, 용기 있는 사상이 되리라 생각한다.[23]

창조국가, 창조사회, 창조경제, 창조경영, 문화창조. 바야흐로 창조의 시대다. 창조력은 '부와 성공'을 만들어내는 힘이다. 창조력이 뛰어난 한 사람이 기업을 살리고, 국가를 살린다.

유대인은 아이 안에 있는 무한한 창조력을 깨운다. '더 나은 세상'을 위해 자녀가 자신의 잠재력을 최대한 발휘하도록 교육한다. 아이 스스로 자신이 창조적 존재임을 깨닫고 자신의 잠재력을 믿을 때, 기적을 일으킨다는 사실을 알기 때문이다. 이것은 우주의 법칙이다. 유대인 엄마는 오늘도 아이의 영혼에 창조의 씨앗을 심는다.

"너는 창조적인 존재로 태어났단다.

네 안에는 세상과 미래를 변화시킬 수 있는 무한한 능력이 있어.

그 힘을 '창조력'이라고 하지.

네가 이 땅에 온 이유는 그 힘으로 더 아름다운 세상을 만들기 위해서란다. 사람들이 더 행복한 세상을 만들기 위해 무엇이든지 즐겁게 도전해 보렴.

창조의 기쁨을 한껏 누리며 행복하게 살아라.

그리고 모든 사람과 그 행복을 나누어라."

나라 없이 쫓겨 다니던 2,500년 동안, 온갖 고난과 역경 속에서도 유대인 부모는 자녀의 영혼에 창조의 씨앗을 심었고 더 나은 세상을 꿈꾸게 했다. 엄마는 아이가 세상에 온 이유를 가르쳤다. 삶의 목적이 분명한 사람으로 키웠다. 그리고 실제로 탁월한 결과를 창조했다.

이스라엘은 대한민국 면적의 1/5, 전체 인구 800만명(세계 인구의 0.1퍼센트)에 불과한 작은 나라지만 창조의 힘으로 다음과 같은 눈부신 결과를 이루었다.

- 전 세계 벤처 투자의 30퍼센트가 집중되는 나라
- 특허로 수천억 수입을 벌어들이는 히브리대학
- 세계 100대 IT 기업의 80퍼센트 R&D 연구소가 몰려있는 나라[24]
- 세계 500대 기업의 경영진에서 유대인 비율 41.5퍼센트

- 유럽 전체 창업보다 더 많은 창업을 하는 작은 나라
- 미국 나스닥 시장 세계 상장 기업의 40퍼센트가 이스라엘 기업[25]

고난 속에서도 아이의 영혼에 심은 창조의 씨앗은 멋진 나무가 되어 많은 열매를 맺었다. 유대인 엄마의 힘은 강하다. 마인드파워 전문가 조성희 대표의 표현이 떠오른다.

— 보이는 것보다 보이지 않는 것의 힘이 훨씬 더 강력하다. 보이지 않는 땅 속 사과 씨앗이 보이는 땅 위 사과 열매를 창조한다.[26]

창조미래의 다음 주인공, 대한민국!

창조력은 인류 발전의 원동력이다. 원시시대까지 가지 않아도 된다. 산업사회와 비교해보더라도 지금 우리는 완전히 다른 차원의 세상을 살고 있다. 경제, 문화, 정치, 의료 모든 분야에 엄청난 변화가 일어났다. 변화 가운데 기회가 있고, 기회를 잡는 사람이 부와 성공을 얻는다.

지금은 초연결 시대다. '디지털 행성'이라고 불리는 가상세계 역시 인간의 창조물이다. 이 행성에서 세상 모든 사람은 하나로 연결되어 있다. 앞으로 인류는 무한한 가능성의 장인 가상세계에서 위대한 창

조력을 발휘할 것이다. 이제 여기는 부가 모이는 장소이며 부의 대이동이 예측되는 곳이다.

이것이 우리 아이들이 살아갈 미래 세상의 모습이다. 자녀들을 새로운 미래의 창조자로 준비시켜야 한다. 자녀 안에 잠자고 있는 창조력을 깨워야 한다. 창조력은 부와 성공을 끌어당기는 힘이자 세상을 바꾸는 힘이다.

유대인은 창조력을 깨우는 법칙을 알고 있다. 우리가 그것을 배워 자녀들에게 적용할 수 있다면 우리나라도 세계 제일의 창조국가가 될 수 있다. 마크 저커버그, 래리 페이지, 세르게이 브린 등 세상을 바꾼 젊은 유대인 CEO 같은 인물들이 배출될 것이다. 아니다. 우리의 강점 위에 유대인의 강점을 접목시키는 것이니 더 위대한 창조자들이 나오리라 믿는다.

대한민국 역시 세계에서 가장 뛰어난 창조력을 가진 민족이다. 세상을 바꾼 아이디어들이 한국에서 먼저 시작되었다는 사실이 이를 증명한다.

페이스북 이전에 우리에게는 싸이월드, 아이러브스쿨이 있었고

유튜브 이전에 우리에게는 판도라TV가 있었으며

스카이프보다 전에 우리에게는 다이얼패드가 있었다.

마크 저커버그가 싸이월드를 보고 페이스북 아이디어를 얻었다는 주장도 있다. 그 외에 수많은 아이디어들이 자랑스러운 한국인에게서 탄생했다. 세상에서 가장 창의적인 민족이지 않은가! 우리 아이들은

자랑스러운 대한민국의 자녀들이다.

　꿈꾸는 사람이 기적을 만든다. 우리의 자녀들을 위해 함께 꿈을 꾸자. 혼자 꾸면 꿈일 뿐이지만 함께 꾸면 꿈은 더 빠르게 현실이 될 것이기에.

> **세상을 바꿀 수 있다고 생각할 만큼 미친 사람들이 결국은 세상을 바꾼다.**
> **다르게 생각하라**Think Different
> 1997년 애플 광고

이런 미친 아이들을 키우자. 그러기 위해서는 부모가 먼저 미쳐야 한다. 다르게 생각하자. 엄마가 먼저 세상을 바꿀 수 있다고 생각해야 한다. 그리고 엄마가 먼저 세상을 바꾸는 사람들이 되어야 한다. 유대인 부자교육이 그 길을 안내할 것이다.

재능을 키우는 부자교육

개인의 타고난 성품을 삶의 능력으로 인도하는 것이 교육이다
탈무드

즈샤라는 랍비가 있었다. 그는 나이가 많이 들어 죽음을 앞둔 상태였다. 어느 날, 그를 찾아온 한 아이에게 즈샤는 이렇게 말했다.

"나는 곧 죽어서 천국에 갈 테고, 신을 만날 것이다. 신이 나에게 '왜 너는 너의 롤모델인 모세처럼 살지 않았느냐?'라고 물으면 나는 전혀 두렵지 않단다. '나는 모세가 아니기 때문이죠'라고 당당하게 말할 수 있기 때문이지.

하지만 신이 '왜 너는 즈샤처럼(너답게) 살지 않았느냐?'라고 묻는다면, 대답하기가 두려울 것 같구나. 왜냐하면 그 질문은 '왜 너 자신의 잠재력을 사용하지 않았느냐?'이니까.

신은 내게 모든 잠재력을 주고 그것을 활용할 수 있는 도구까지 주었는데 그 질문을 받으면 두려울 것 같구나."

랍비 즈샤는 엄청난 성취를 이룬 사람이었다. 그런데도 죽음을 앞둔 마지막 순간 더 자신답게 살지 못했음을 아쉬워하고 있다. 또한 자신다운 삶을 위해 자신만의 잠재력을 충분히 사용하지 못했음을 후회한다.

유대인은 자녀의 타고난 개성에 주목한다. 다른 사람들과 구별되는 아이만의 '자기다움'을 찾고 잠재력을 최대한 발휘하도록 교육한다. 자신만의 개성을 가진 사람들에게는 특별한 에너지가 있다. 사람들을 끌어당기는 매력이 있다. 이는 부와 성공을 끌어당기는 힘이기도 하다. 유대인 엄마는 더 큰 꿈을 꾼다. 자녀 각자가 고유한 빛을 발할 때, 모든 사람의 빛과 합쳐져 더욱 아름답게 빛날 세상을 꿈꾼다.

부자들은 자신만의 개성화에 성공한 사람들이다. 자신만의 재능을 발견해서 강점으로 만들면, 훨씬 더 쉽고 즐겁게 부의 추월차선에 올라탈 수 있다.

"내일부터 당신의 아이를 학교에 보내지 마십시오. 그 아이는 공부 자체가 불가능합니다. 수업 시간에 너무 산만해서 다른 아이들에게 피해를 주고 있어요."

교사에게 이런 말을 들은 엄마의 기분은 어땠을까? 하늘이 무너지는 듯했을 것이다. 밤새도록 울지는 않았을까. 세상이 원망스럽고, 교사가 원망스럽고, 아이까지 원망스럽지는 않았을까.

학교에서조차 포기한 유대인 아이. 학습 자체가 불가능하다는 평가를 받은 아이. 그러나 엄마는 아이의 재능과 잠재력을 믿었다. 유대인 엄마는 남과 다른 아이만의 개성을 찾고 잠재력을 최대한 발휘하도록, 직접 교육하기로 결심한다.

"너는 특별하단다. 세상에 하나밖에 없는 존재지. 신이 너에게 엄청난 능력을 주셨단다. 너의 잠재력을 최대한 발휘하며 행복하게 살아라. 너만의 특별한 삶을 만들어 가거라. 그리고 재능과 행복을 어떻게 인류와 나눌 수 있을지 고민하거라."

호기심 많은 어린 아들의 계속되는 질문에도 유대인 엄마는 귀찮은 내색 한 번 하지 않았다. 오히려 아들의 타고난 재능이 온전히 꽃피울 수 있도록 끊임없이 노력했다. 물리학과 수학에 특별한 관심을 보이는 아들을 위해 함께 책을 읽으며 공부했다. 배움을 갈망하는 아이의 욕구는 특별했다. 어느새 십대가 된 아이는 놀라운 재능을 보여준다. 유클리드, 데카르트, 뉴턴 등의 학문을 파고들었고 수학, 철학, 과학 분야 공부를 즐겼다.

숨겨진 아이의 재능을 발견한 유대인 엄마, 인류 역사상 가장 위대한 과학자를 만들다.

세기 최고의 천재 과학자, 알버트 아인슈타인의 이야기다. 그의 위대한 업적 뒤에는 유대인 엄마의 열정과 헌신이 있었다. 학교에서조차 포기한 아이였지만 엄마만은 다른 시선으로 아이를 바라보았다. 아이의 타고난 재능을 알아보고, 아이만의 잠재력을 최대한 발휘하도록 교육했다. 엄마의 바람대로 아들은 타고난 천재성으로 인류의 삶을 완전히 바꾼 천재 물리학자가 되었다.

> 모두가 천재다. 하지만 나무에 오르는 재능으로 물고기를 판단한다면,
> 물고기가 멍청하다고 믿으며 평생을 살게 될 것이다.
> 아인슈타인

누구에게나 재능은 있다

많은 사람이 자신에게는 특별한 재능이 없다고 말한다. 재능이라는 단어가 뭔가 특별히 잘해야 하는 것만 같아 부담스럽다면 관심, 흥미 찾기로 시작해도 좋다. 미국의 철학자이며 시인 랄프 왈도 에머슨은 우리 모두에게 고유한 재능이 있다고 말한다.

"재능이란 하늘에서 부여받은 사명이다. 모든 공간이 열리는 듯한 방향이 하나는 존재하기 마련이다"

에머슨은 쉽게 재능을 발견하는 방법도 제시한다. 그에 의하면 다른 사람들에 비해 쉽게 할 수 있는 일이 재능일 가능성이 크다. 남들보다 힘들게 노력하지 않고도 좋은 결과를 얻은 일이 있다면 그것이 당신의 재능이다. 이러한 기준으로 자녀의 재능도 관찰하고 발견할 수 있다.

"자연은 우리 각자를 어떤 능력으로 무장시켜준다. 다른 사람들은

할 수 없지만, 나만은 쉽게 어떤 일을 할 수 있는 그런 능력 말이다."

자신만의 고유한 재능을 찾는 5가지 질문

1. 어떤 일(분야)을 할 때 즐거움을 느낀 적이 있는가?
2. 어떤 일(분야)을 할 때 몰입한 적이 있는가?
3. 어떤 일(분야)에서 쉽게 성과를 낸 적이 있는가?
4. 일(분야)에 어떤 가치를 발견한 적이 있는가?

전문가들의 견해를 종합했을 때 재능을 찾는 방법은 위의 네 가지 질문으로 결론을 내릴 수 있다. 해당되는 일이나 분야가 있다면 당신의 재능일 가능성이 크다. 위의 네 질문을 마음에 품고 아이를 관찰한다면 재능을 발견하기가 한층 쉬울 것이다.

나는 여기에 한 가지 질문을 더한다.

5. 삶이 나에게 원하는 것은 무엇인가?

나는 돈이나 금융 관련 분야에 재미를 느끼거나, 몰입하거나, 관심을 가진 적이 없었다. 하지만 지인들이 겪는 가난의 고통을 바로 옆에서 지켜보고, 나 역시 같은 어려움을 겪으면서 돈 공부와 부자교육의 중요성을 뼈저리게 느끼게 되었다. 고통 가운데 나 자신에게 던진 질문이 이것이었다.

"삶이 나에게 원하는 것은 무엇인가?"

이 질문에 대한 답을 찾자 가슴 깊은 곳에서 뜨거운 뭔가가 올라왔다. 에머슨이 말한 사명감이라고 하면 너무 거창할까. 전혀 관심 밖이었던 새로운 분야를 공부하며 나는 정말 행복했고 깊이 몰입했다. 이제는 돈, 부자, 금융, 경제 등 관련 키워드만 봐도 온 관심이 집중된다. 삶이 원하는 것과 자신이 원하는 것이 일치될 때, 당신만의 숨겨진 재능이 발견되고, 잠자던 잠재력이 최대한 발휘된다.

죽음의 문턱 앞에서 같은 질문을 던진 유대인이 있다. 죽음의 수용소라 불리는 아우슈비츠에서 살아남은 정신과 의사이자 심리학자 빅터 프랭클이다. 그는 제2차 세계대전 당시 유대인이라는 이유로 수용소로 끌려갔다. 함께 끌려간 가족들은 아우슈비츠 가스실에서 목숨을 잃었다.

— 우리가 삶에 바라는 것과 삶이 우리에게 가져다주는 것만으로 우리 삶을 평가해서는 안 되며, 그보다는 삶이 먼저 우리에게 진정으로 원하는 것이 무엇인지를 날마다 용기 있게 물어봐야 한다.

프랭클은 매일 아침, 힘든 순간마다 자신에게 질문했다. 물음에 대한 답은 하루를 버티고, 힘든 순간을 이겨낸 이유가 되었다. 삶이 그에게 원했던 것은 무엇이었을까? 질문을 던질 때마다 가슴에서 뜨겁게 올라오는 무언가를 느꼈을 것이다. 그는 삶이 원하는 것을 받아들였고 매일 감사하며 상상했다. 그리고 마침내 그것을 이루었다. 전쟁 후 자유의 몸이 된 프랭클은 수용소 경험을 바탕으로 새로운 심리학 이론을 정립하고 대학 강단에서 학생들을 가르쳤다. 그리고 베스트셀러 《죽음의 수용소에서》를 통해 지금까지 전 세계 사람들에게 용기와 희망을 주고 있다.

"삶이 당신에게 원하는 것은 무엇인가요?"

유대인의 성공 코드 Excellence!

유대인의 탁월한 성공의 비밀을 푸는 성공 코드가 있다. 바로 Excellence! 헤츠키 아리엘리는 유대인 철학자이며 교육자다. 반평생을 Excellence 교육에 헌신한 그는 이런 사람이다.

- 이스라엘의 미래를 선도하는 창의융합 교육의 메카인 ICEE (Israel Center for Excellence through Education) 이사장, 회장을 역임
- 갈릴리국제경영원의 Excellence 교육의 주임교수
- 전 세계 다국적 기업과 정부 및 교육 기관을 교육 컨설팅하는 이스라엘의 Global Excellence의 설립자 겸 회장

그가 제시하는 유대인 성공의 비결은 책 제목에 그대로 나타난다. 그는 저서 《유대인 성공 코드 Excellence》에서 Excellence를 '나와 관련된 잠재력을 발휘하려는 의지와 그 의지를 기꺼이 실현하는 능력'이라고 정의한다.[27] 그리고 Excellence를 추구하는 삶의 방식이 신의 뜻이라고 말한다.

"유대인들은 자신이 가지고 있는 잠재력을 발현하며 살아가는 것이 하나님의 뜻에 맞게 사는 것이라고 굳게 믿고 있고 그것을 발현시키기 위해 노력하는 삶을 산다. 자신에게 주어진 능력을 발휘하며 살지 못하는 것은 하나님께 죄를 짓는 것으로 생각하기 때문이다."

아리엘리는 머리가 좋든 나쁘든, 돈이 많든 적든 상관없이 누구나 Excellence의 삶을 살 수 있다고 말한다. 유대인은 자신만의 잠재력을 발휘하며 살아가는 것이 신의 뜻이라고 믿는다. 이것이 유대인의 교육 철학이다. 구체적인 Excellence 방법이 궁금하면 그의 저서를 일독해 보길 권한다.

세상에서 가장 위대한 재능

하지만 여전히 자신의 재능이 무엇인지 모르겠다거나, 재능은 발견했지만 잠재력을 최대한 발휘하는 방법이 궁금하다면 '유대인의 공부법'이 도움이 될 것이다.

> 100번 반복하는 것과 101번 반복하는 것은 많이 다르다.
>
> 유대 격언

유대인에게 '공부란 반복해서 낭독하고, 반복해서 베껴 쓰고, 반복해서 생각하는 것'이다.[28] 앞서 말한 마음에 새기고, 무의식에 새기고, 영혼에 새기는 공부법이 바로 '반복 또 반복하기'다.

유대인은 노력의 힘을 안다. 부유한 유대인, 창의적인 유대인, 천재적인 유대인 등 유대인을 수식하는 단어들이 많다. 어떤 이들은 유대인만의 특별한 교육법에서 위대한 성취의 원인을 찾고, 어떤 이들은 그들의 천재적인 두뇌 때문이라고 말하기도 한다. 다 맞는 말이다. 하지만 무의식에 새겨질 때까지 반복하는 그들의 노력은 상대적으로 주목받지 못했다.

유대인은 세상에서 가장 어려운 일을 해내는 자들이었기에 가장 부유하고, 가장 창의적이고, 가장 천재적인 민족이 되었다. 세상에서 가장 어려운 일을 해내면 어떤 일도 재능으로 만들 수 있다.

─ 세상에서 가장 어려운 일

어느 날 스승이 제자들에게 말했다.

"오늘 우리는 세상에서 가장 쉬우면서도 가장 어려운 일에 대해 이야기해 보겠다. 다들 어깨를 최대한 앞을 향해 흔들어 보아라. 그 다음엔 다시 최대한 뒤로 흔들어 보아라."

스승은 시범을 보이며 계속 말했다.

"오늘부터 매일 이렇게 300번을 하라. 할 수 있겠는가?"

그러자 제자들은 '이렇게 간단한 일을 하는 게 뭐가 어렵겠는가?' 라며 웃었다.

이에 스승은 말했다.

"웃지 말라. 세상에서 가장 어려운 일은 가장 쉬운 일을 지속적으로 하는 일이다. 한 가지 일이라도 지속적으로 잘 해내는 사람이 성공할 수 있다."

한 달 후 스승은 제자들에게 다시 물었다.

"매일 어깨를 300번씩 흔들고 있는 사람이 있는가?"

제자들 가운데 90퍼센트가 자랑스러운 듯 손을 들었다.

다시 한 달 후 스승은 똑같은 질문을 했다.

이번에는 80퍼센트 정도가 손을 들었다.

일 년이 지나 스승은 제자들에게 다시 물었다.

"가상 쉬운 어깨 흔들기 운동을 아직 지속적으로 하고 있는 사람은 몇이나 되는가?"

이때 단 한 사람만이 손을 들었다.

그는 바로 훗날 그리스의 대철학자가 된 플라톤이었다.

그리고 그 스승은 소크라테스이다.*

---

*출처와 글쓴이를 밝히려 찾아보았지만 결국 포기했다.

"오늘날 우리가 돌아볼 수 있는 모든 성공자들이 걸어온 길은 한때의 어려운 일을 해낸 것이 아니라 오랫동안 쉬운 일의 반복이었다."

아이들이 자신만의 재능을 찾는 여행을 하길 바란다. 또한 누구나 가질 수 있지만 아무나 가질 수 없는 위대한 재능 즉 '노력'의 소중함을 알기를 바란다. 노력은 하늘을 감동시키는 힘이며, 하늘을 움직이는 힘이다. 하늘이 내려준 재능과 하늘을 감동시키는 노력이 완벽한 조화를 이룬다면 대한민국의 아이들은 창의적이고 역동적으로 세상을 변화시켜 나갈 것이다. 더 가치 있는 세상, 더 행복한 사회를 만들어 가는 미래의 주인공이 될 것이다.

아인슈타인의 엄마처럼 아이의 잠재력을 끌어내서 성공적으로 Excellence할 수 있도록 교육하자. 함께 고민하고, 함께 성장하고, 함께 성취하자.

유대인보다 더 유대인처럼

지혜를 활용해 부를 쌓으라
탈무드

유대인 부자교육은 유대인만의 전유물이 아니다. 다만 그들은 보편적 부의 지혜를 소중히 여기고 잘 지켜왔을 뿐이다. 그 결과, 세계를 움직이는 부와 성공을 얻었다. 그럼 정말 유대인이 아닌 사람도 부자교육을 통해 탁월한 성과를 이룰 수 있을까. 만약 그렇다면 이 책의 한 줄 메시지는 더욱 강력한 힘을 얻을 것이다.

"유대인이 해냈다면 우리도 할 수 있어요. 우리는 더 잘 할 수 있어요."

비유대인이지만 너무도 유대인 같은 사람이 있다. 세계 최고의 부자도 그에게서 영감을 얻고, 유대 경전을 가르치는 랍비조차 그에게서 토라의 지혜를 배운다. 유대인들끼리도 그가 유대인인지 아닌지 논의를 할 정도다. 투자의 세계에서 그의 이름을 모르는 사람은 없을 것이다. 투자의 귀재, 워런 버핏이다.

"워런 버핏은 유대인이 아니다. 그러나 그의 가르침은…"[29] 유대인 전문 저널인 〈옥소독스 유니언Orthodox Union〉에 실린 글의 제목이다. 글을 쓴 조나단 그로스는 뉴욕 예시바 대학교에서 토라를 가르치는 유대교 랍비이며, 북미에서 가장 큰 유대교 회당 중 한 곳인 Beth Tfiloh Congregation의 부랍비이기도 하다. 버핏의 고향 오마하에서 10년 동안 랍비로 활동하면서 버핏과 함께 비즈니스를 한 경험도 있다. 그는 워런 버핏은 유대인이 아니지만 가치 투자가로서 버핏은 이보다 더 유대인 같을 수 없다고 말한다.

조나단 그로스의 저서 《가치투자》의 부제는 "오마하의 랍비가 워런 버핏으로부터 토라를 배우다"이다. 워런 버핏의 지혜에 매료된 그는 버핏의 수많은 글과 강연을 오랜 기간 연구했다. 그 결과, 유대 전통의 가치와 일치하는 워런 버핏의 교훈을 담은 책이 탄생했다.

"그는 진주 같은 지혜를 가르친다. 그의 지혜는 돈보다 훨씬 더 가치 있는 보물들이 있는 곳으로 안내한다."

랍비 그로스는 버핏의 지혜를 보석에 비유하며, 그에게서 배운 원칙과 가치관을 유대 전통의 관점에서 성찰하게 되었다고 말한다. 토라를 가르치는 랍비에게 토라의 교훈을 성찰토록 한 비유대인은 워런 버핏밖에 없을 것이다.

버핏은 세계 최고의 부자들에게 영감을 주는 부자이기도 하다. 대표적인 인물이 바로 빌 게이츠다.

> 버핏은 나에게 재산의 '사회 환원'이라는 영감을 준 사람이다.
>
> 빌 게이츠

미국의 종합 경제지 〈포춘〉에 따르면 빌 게이츠는 1991년부터 친한 친구 사이를 이어온 버핏에게서 재산의 사회 환원이라는 영감을 받았다고 말했다.[30] 한때 세계 최고 부자 1, 2위에 올랐던 빌 게이츠와 워런 버핏은 서로와의 만남을 기대하지 않았다. 하지만 각자의 기대를 깨고 첫 대화부터 술술 잘 통했다. 25년의 나이 차를 훌쩍 뛰어넘은 둘의 우정은 활발한 기부활동으로 이어졌다. 버핏은 2006년 6월 25일 그의 회사 버크셔 해서웨이 홈페이지를 통해 자산 중 310억 달러를 빌 게이츠와 그의 부인이 운영하는 '빌 & 멜린다 게이츠 재단'에 기부하겠다고 밝히고 실행했다.

워런 버핏은 유대인 부자교육이 유대인만의 전유물이 아니라, 인류 모두에게 적용되는 보편적 부의 원리라는 사실을 보여주는 대표적인 사례다. 어떻게 유대인이 아닌 워런 버핏이 '유대인보다 더 유대인처럼' 금융에 뛰어나고, '유대인보다 더 유대인처럼' 지혜로운 현인이 되어 전 세계 부자들에게 영감을 주는 인물이 될 수 있었을까?

세계적 대부호들은 자신이 이룬 부와 성공의 원인을 행운에서 찾는다. 워런 버핏 역시 그렇다. 그가 말하는 행운은 만남을 통해서 왔다. 즉, 사람을 통해서 말이다. 위대한 스승과의 만남, 그리고 그에게 딱 맞는 부모님과의 만남 덕분에 자신은 성공할 수 있었다고 말한다.

버핏에게는 그가 현명한 투자가가 되도록 영감을 준 유대인 스승들이 있었고, 어린 버핏에게 '유대인보다 더 유대인처럼' 철저히 부자교육을 시킨 위대한 아버지가 있었다.

유대인 스승들과의 운명적 만남

거장의 삶에는 늘 위대한 스승과의 운명적 만남이 등장한다. 혼자서 위대한 성공을 이뤄낸 위인은 존재하지 않는다. 워런 버핏에게도 그가 20세기를 대표하는 세계적 투자자가 되는 데 큰 영향을 준 두 명의 스승이 있다. '가치투자'의 창시자 벤저민 그레이엄과 '초성장주 투자'의 창시자라고 불리는 '필립 피셔'다. 현대 투자이론을 개척한 두 스승 모두 유대인이다. 워런 버핏은 거장 스승들에게서 철저한 유대인 부자교육을 받았다.

"나의 85퍼센트는 벤저민 그레이엄이고, 15퍼센트는 필립 피셔이다"라고 말한 버핏은 스승들의 가르침에 완전히 매료되었다. 특히 벤저민 그레이엄의 《현명한 투자자》를 읽지 않았다면 자신은 성공하지 못했을 거라고 말할 정도이다.

인생의 맛은 '끝'이 '시작'이 되는 순간에 있고, 인생의 멋은 '절망'이 '희망'이 되는 사건에 있다. 버핏은 네브래스카 대학교 경영학 학사를 조기졸업한 후 하버드 대학교 경영대학원에 지원하지만 떨어지고 말았다. 그러나 좌절의 순간도 잠시, 벤저민 그레이엄의 책을 읽고 큰 감명을 받은 버핏은 그레이엄에게 진정성 담은 편지를 쓰고, 그가 가르치고 있는 콜롬비아대학교에 지원한다. 지원 기간은 이미 지났지 만 버핏의 열정에 감동한 교수진들은 결국 그의 입학을 허락한다.

경제학 대학원생이 된 버핏은 벤저민 그레이엄의 수업에 완전히 몰입했다. 그는 처음이자 마지막으로 그레이엄의 수업에서 A⁺를 받은 학생으로 유명하다. 졸업 후, 벤저민 그레이엄의 회사(Graham-Newman Corp.)에서 일하고 싶었으나, 유대인 스승은 버핏이 유대인이 아니라 는 이유로 채용을 거절한다. 하지만 그는 장애물 앞에 쉽게 물러서지 않았고 한 번 더 운명을 개척한다. 결국 버핏은 스승을 설득해 무보수 로 그레이엄의 회사에서 일하게 된다. 그리고 기업의 통계와 수치에 관한 1만 페이지에 이르는 분량의 책을 정독하면서 스승의 투자기법 을 온몸으로 습득한다.

청출어람

"나에게 그는 저자나 스승 이상의 의미가 있다. 아버지를 제외한 어떤 사람도 그만큼 내 인생에 영향을 미치지 못했다."[31]

버핏의 고백처럼 벤저민 그레이엄은 그에게 특별한 존재였다. 스승 의 투자기법을 직접 배운 경험은 그가 누린 최고의 특권이자 행복이었다. 재무제표와 영업실적 분석 후 저가 주식을 매수해 안전 마진을 확보하는 벤저민 그레이엄의 투자법은 원금보전전략에 따른 보수적인 투자방식으로, 한때 높은 수익을 보장하기도 했다.

하지만 세상은 늘 한결같지 않다. 세월이 지나고, 상황이 바뀌면서 어느 순간 버핏은 그레이엄 투자원칙의 한계를 보게 된다. 탁월한 투자기법이었지만 예전처럼 높은 수익을 보장하지 못했다. 마침내 버핏은 다른 기법들을 받아들인다.

> 오래도록 살아갈 사람이라면 계속 배워야 합니다.
> 이전에 배운 것으로는 부족하기 때문입니다.[32]
> 찰리 멍거

버핏의 또 다른 유대인 스승 필립 피셔는 재무제표 등 양적분석을 통한 기업 평가에는 한계가 있다며, 경영진의 자질과 열정, 수익이 보장되는 상품 보유여부 등 질적 분석을 포함한 철저한 조사를 강조한다. 조사 내용을 근거로 수십 년 동안 지속적으로 성장할 가능성이 높은 기업을 찾아 소수의 기업에 집중 투자하는 방식이 피셔의 초성장주 투자기법이다. 실제로 피셔는 모토로라에 투자해 큰 성공을 거두었다. 피셔의 성장주 투자원칙을 받아들인 워런 버핏은 코카콜라 같은 기업에 투자해서 큰 수익을 올리기도 했다.

워런 버핏은 스승들의 가르침을 열린 마음으로 배웠지만, 거인들의 어깨에 머무르지 않았다. 스승들의 강점은 받아들이고 단점을 보완하며 자기다운 투자 철학과 원칙을 세워나갔다. 그리고 결국 스승들보다 뛰어난 성과를 이루어냈다.

자신감의 근원

그는 스스로 운명을 개척했다. 버핏의 고백대로 벤저민 그레이엄이 없었다면 그의 성공도 없었을 것이다. 하지만 워런 버핏의 도전 정신이 없었다면 거장 스승과의 운명적 만남도 없었을 것이다. 그는 벤저민 그레이엄의 책을 읽고 감명을 받아, 저자를 감동시킨 편지를 보낸다. 그리고 지원 가능한 기간이 아니었음에도 불구하고 대학원 합격 통지서를 받아낸다.

　하버드의 실패를 성공의 기회로 바꾼 장본인은 바로 워런 버핏 자신이었다. 운명을 개척하는 사람들에게는 공통점이 있다. 바로 자신 감이다. 그들은 항상 변동하는 현실적 상황 속에서 불안이나 공포에 사로잡히지 않고 당당히 맞선다. 버핏 역시 그런 사람이다.

— 공포가 덮칠 때 절대 잊지 말아야 할 두 가지가 있습니다.
　첫째, 만연한 공포는 투자자의 친구라는 사실입니다. 주식을 헐값에 살 기회이기 때문이지요.

둘째, 내가 공포에 휩쓸리면 공포는 나의 적이라는 사실입니다.[33]

버핏의 말에서 알 수 있듯, 그는 위기를 기회로, 공포를 친구로 만들어 버렸다. 이것은 어떠한 상황에서도 흔들리지 않는 자신감이 있어야만 가능하다. 그럼 그는 어떻게 자신감이 넘치는 사람이 될 수 있었을까.

답은 그의 아버지였다. 버핏에게는 어려서부터 '유대인보다 더 유대인처럼' 철저히 부자교육을 시킨 위대한 아버지가 있었다. 버핏의 아버지는 아들에게 무한한 믿음과 사랑을 주었다.

> 어린 시절부터 부자가 될 것이라 확신했습니다.
> 1분, 1초도 의심한 적이 없어요.
>
> 워런 버핏

부모와의 운명적 만남

"딱 맞는 장소Right Place, 딱 맞는 시간Right Time, 딱 맞는 부모Right Parents"
워런 버핏이 말하는 그의 성공 요인이다. 한 마디로 운명이다. 하지만 그는 운명에 머물러 있지 않았다. 스스로 멋진 운명을 만들어나갔다.

딱 맞는 시대적 상황에 태어났고, 딱 맞는 부모님을 만난 것을 성공 비결로 꼽는 버핏은 대단한 긍정 마인드의 소유자임이 분명하다.

왜냐하면 그는 사상 최악의 경제대공황이 시작된 1929년 이듬해인 1930년에 태어났고, 조울증으로 추정되는 정서적 장애가 있는 어머니로부터 정서적 학대를 견뎌야 했기 때문이다.[34]

> 모든 인간은 영적 성장을 위해 필요한 가장 적절한 시점과 장소에 태어난다.[35]
> 맨리 P.홀

그렇다. 워런 버핏이 세계적 투자가로 성공한 이유, 세계적 기부왕이 된 이유는 그의 운명 때문이다. 그는 운명의 창조자였다. 어린 버핏은 경제적 어려움 속에서 세계 최고의 부자가 되는 꿈을 한순간도 잊은 적이 없으며, 정서적 아픔 속에서 사랑의 소중함을 깨닫고, 오히려 사람들의 아픔에 공감하는 마음을 키워왔다. 버핏은 운명의 그늘을 세상의 빛으로 바꾸었다.

> 성공이란 사랑받고 싶었던 사람들에게 사랑을 받는 것이다.[36]
> 워런 버핏

"그 아이만의 단 한 사람"이라는 책의 제목처럼 아무리 어려운 역경 속에서도, 그 아이를 믿어주는 단 한 사람이 세상에 존재한다면, 아이는 살아갈 힘을 얻는다.[37] 버핏에게는 아버지 하워드 버핏이 그런 존재였다.

증권사에서 일하던 하워드 버핏은 사상 최악의 경제 대공황으로 투자한 돈과 직장을 모두 잃고 고향인 오마하로 돌아가기로 결심한다. 그때가 워런 버핏이 태어난 해다. 경제적 위기를 경험한 아버지는 아들에게 부자 마인드부터 돈의 지혜에 이르기까지 철저한 부자교육을 시킨다.

"나는 네가 무엇을 하든 언제나 네 편이란다."[38]

반항적인 어린 버핏에게 실패자가 될 것이라고 말하는 교사들도 있었다. 그러나 아버지는 아들의 무한한 가능성을 믿었다. 그리고 어려서부터 숫자에 뛰어난 아들에게 돈 버는 경험을 쌓게 하고, 돈 모으는 법, 쓰는 법, 불리는 법까지 가르친다. '유대인보다 더 유대인처럼' 부자교육에 성공한 아버지는 아들의 영원한 영감의 원천이 되었다.

유대인 부자교육은 전 인류에게 공통으로 통하는 부의 지혜다. 태양이 지구의 모든 땅에 빛을 비추듯 부자교육도 그러하다. 워런 버핏의 부와 성공이 그 증거이다. 유대인이 아닌 버핏은 유대인 스승들과 아버지에게서 부자교육을 받았다. 그리고 결과적으로 세계 최고의 부와 지혜를 얻었다.

열린 마음으로 유대인 부자교육을 받아들이고, 삶 가운데 적용한다면 우리도 할 수 있다. 아니, 우리는 더 잘할 수 있다!

PART
3

유대인의
부자 마인드

유대인 부모는 풍요 의식을 심어준다.
자녀가 풍요로운 존재임을 알려준다.
풍요로운 생각은 부와 성공을 끌어당기는 힘이다.
풍요 마인드가 있는 사람은 부와 성공을 자연스럽게 삶에서 실현한다.
세상에는 돈과 운을 끌어당기는 자석 같은 사람이 있다.

부자처럼 감사하라

신의 거주처는 두 곳이다.
하나는 하늘이고, 하나는 감사하는 사람의 따뜻한 가슴 속이다.
아이작 월튼

유대인은 감사의 민족이다. '유대인'이라는 단어의 어원은 '감사하는 마음'이라는 뜻을 포함한다. 그들은 감사의 비밀을 알고 삶에서 이를 실천한다.《탈무드》는 "천둥소리를 들을 수 있고, 번개를 볼 수 있고, 갖가지 맛을 느낄 수 있고, 대자연의 모든 것과 함께할 수 있음에 감사하라"고 가르친다. 현재 가진 모든 것, 주변에 있는 모든 것이 감사의 이유이다.

유대인은 감사를 목숨처럼 지키고 가르친다. 신비로운 듯 과학적인 감사의 비밀을 알기 때문이다. 모든 부모는 자녀가 인생에서 큰 어려움을 만나도 이겨내길 원하며, 간직한 꿈을 반드시 이루길 바란다. 어떤 역경도 이겨낼 수 있는 힘, 마음의 소망을 이룰 수 있는 힘. 그 힘의 원천이 바로 감사이다. 감사는 부와 성공을 끌어당기는 힘이다.

세계에서 가장 영향력 있는 인물로 선정되기도 한 '토크쇼의 여왕' 오프라 윈프리는 감사로 부와 성공을 이룬 대표적인 사례이다. 탁월한 사업가인 그녀의 2020년 자산은 4조 5천억에 이른다. 성공 비결을 묻는 기자의 질문에 그녀의 대답은 바로 감사일기였다.

윈프리는 아침에 눈을 뜨자마자 감사일기를 썼다. 새로운 아침에 대한 감사, 가난에 허덕일 때는 냉장고에 남은 샌드위치 한 조각에 감사했다. 빈민가 출신 흑인 여성이 매일 감사거리를 찾아 쓰기 시작했고 후에 세계적인 부자, 투자가, 사업가가 되었다. 또한 전 세계 여성들의 정신적, 영적 멘토가 되었다.

그녀에게는 성공 요소가 하나도 없었다. 흑인 빈민촌에서 태어난 사생아, 할머니의 학대, 친척의 성폭행, 마약 중독에 빠진 청소년 시절……. 하지만, 과거의 상처와 아픔을 원망의 렌즈가 아닌 감사의 렌즈로 바라보기 시삭했다. 그것이 부와 성공의 길을 향해 내디딘 그녀의 첫 걸음이었다.

위프리는 이렇게 말한다.

— 감사하면 내가 처한 상황을 객관적으로 멀리서 바라보게 된다. 그뿐만 아니라 어떤 상황이라도 바꿀 수 있다. 감사한 마음을 가지면 당신의 주파수가 변하고 부정적 에너지가 긍정적 에너지로 바뀐다. 감사하는 것이야말로 당신의 일상을 바꿀 수 있는 가장 빠르고 쉬우며 강력한 방법이라고 나는 확신한다.[39]

감사는 기적을 일으키는 힘이다. 아무리 힘든 상황도 가치 있게 만드는 힘. 불가능한 것을 가능하게 만드는 힘. 윈프리는 감사의 비밀을 알았고 매일 실천했다. 그리고 마침내 부와 성공을 이루었다.[40]

유대인 엄마는 감사를 일상의 습관으로 만든다. 감사의 힘을 알기 때문이다. 감사습관을 가진 아이는 삶 가운데 어떤 시련을 만나도 대처할 수 있는 능력이 생긴다. 그것은 장애물을 기회로 바라볼 수 있는 강력한 힘이다. 또한 감사습관이 형성된 자녀는 꿈과 목표를 이룰 수 있는 힘이 있다.

이츠카이치 츠요시는 불평불만이 가득한 청년이었다. 사람들에게 상처 주는 말을 쉽게 했으며 교수님에게 수업에 대한 불만을 토로하기도 했다. 당연히 주변 사람들과의 관계가 좋을 수 없었다.

어느 날, 늘 불행했던 그는 행운을 찾아 이스라엘로 여행을 떠나기로 결심한다. 불평할 일들만 끌어당기는 자석같이 여행 시작부터 문제가 발생하기 시작했다. 비행기가 연착되어 기다려야만 했고, 지갑을 분실하기도 했다. 환전소에서 사기까지 당해 수중에는 얼마 되지 않는 여행비용만 남았다. 상황은 최악으로 치닫고 있었다. 도착 당일 이스라엘에는 수십 년 만에 몰아닥친 한파로 모든 여관에 방이 없었다.

자신을 세상에서 가장 운이 없는 사람이라고 신세를 한탄하며 울고 있을 때 한 유대인 할머니의 도움으로 할머니의 집으로 가게 된다. 낯선 동양 청년에게 할머니는 따뜻한 수프를 끓여주며 '운'에 대한 이야기를 시작한다.

"운은 부를 수 있어요. 그것도 아주 간단하게. 운을 부르는 마법의 말을 반복해서 외치면 되지요."

유대인 할머니가 알려준 마법의 말은 바로 '고맙습니다. 감사합니다'였다.

"나쁜 일이 있을 때 '고맙습니다'를 말하면 불행의 연속을 끊을 수 있어요. 안 좋은 일이 있으면 안 좋은 생각을 하게 되고, 그 생각은 또 다른 안 좋은 일을 끌어당기죠. '고맙습니다' 말 한마디면 그 불행의 연결고리를 끊을 수 있어요.

좋은 일이 있을 때 '감사합니다'를 말하면 운이 더 많이 들어오지요. 마음에 간직한 소망을 먼저 말하고, 그것이 현실 속에서 실현되었다고 느끼면서 '감사합니다' 한마디만 하면 돼요. 젊은이가 이 마법의 말을 잊지 않고 실천한다면 계속 운이 좋아지게 될 거예요. 인생이 완전히 바뀔 거예요."

귀국 후 이츠카이치는 유대인 할머니가 알려준 마법의 주문을 실천하기 시작했다. 지하철 옆자리에 앉은 십대가 음악을 들으며 몸을 흔들거리자 갑자기 짜증이 밀려왔다. 그때 바로 '고맙습니다' 마법의 주문을 말했다.

캠퍼스에서 서로 끌어안고 있는 커플을 보며 불평이 나오려는 순간 유대인 할머니가 떠올랐다. 여자친구가 생기길 바라는 소망을 말하며 마법의 주문을 외쳤다. "만났습니다. 감사합니다!" 유대인 할머니가 말했듯이 꿈에 그리던 여인을 실제 만난 것처럼 느끼면서 말이다.

마법의 주문을 외우다 보니, 사람들이 소중하게 보이기 시작했다. 유대인 할머니의 말대로 운이 좋아지고 그의 인생이 바뀌기 시작했다. 이제 그는 마치 운을 끌어당기는 강력한 자석 같았다. 교수에게 인정받아 공학박사학위를 취득했고 좋은 직장도 얻었다. 마음에 그리던 여자를 만나 결혼도 했다. 후에 사업에서도 큰 성공을 이루었다.

> 이 세상에서 가장 현명하고, 지혜롭고, 승리한 사람은 누구인가?
> 바로 사랑하며 감사하는 사람이다.
>
> 탈무드

유대인 할머니의 지혜는 감사에 대한 유대인의 생각을 잘 보여준다. 그들에게 감사는 불운의 연결고리를 끊고, 소망을 이루는 마법 같은 힘이다. 인생까지 바꿀 수 있는 강력한 힘인 것이다.

과학적으로 증명된 감사의 힘

불운을 끊고 소망을 이루는 감사의 힘은 과학자들에 의해 이미 증명되었다.

정신 치료 전문가인 뷜르 C. 넬슨은 감사로 소망을 이룰 수 있으며,

감사는 풍성함과 성공을 끌어들이는 힘이라고 설명한다.

— 감사는 파동이며, 힘이며, 에너지이다. 감사의 힘을 이해하려면 먼저 우리의 삶이 에너지로 이루어졌다는 사실을 깨달아야 한다. 의자나 강아지, 우리의 감정 등 모든 것은 형태만 다를 뿐 에너지라는 공통점을 가지고 있다. 단지 의자는 무생물, 강아지는 생명체, 그리고 감정은 마음의 상태로 에너지가 존재하는 형태만 다른 것이다.

모든 에너지는 파동으로 나타나며 사람은 누구나 자기만의 고유한 파동을 가지고 있다. 지금 읽고 있는 책도 파동을 발산하고 있다. 당신 마음속에 떠도는 생각이나 감정도 각자 고유의 파동을 발산한다. 감사 에너지 또한 파동으로 전달된다.[41]

에너지는 긍정적 에너지와 부정적 에너지로 나뉜다. 감사는 긍정적 에너지다. 긍정적 에너지는 같은 파동의 에너지를 끌어당긴다. 긍정이 부정을 끌어당기지 않는다. 간절히 이루고 싶은 꿈과 목표를 생각하며 진심으로 감사하는 순간 강력한 긍정적 에너지가 파동으로 발산된다.

> **세상에서 가장 지혜로운 사람은 배우는 사람이고,**
> **세상에서 가장 행복한 사람은 감사하는 사람이다.**
> 탈무드

발산된 감사의 파동은 다른 긍정적 에너지를 끌어당긴다. 원하는 것을 이루는 데 필요한 사건, 사람, 상황들을 끌어들인다. 이츠카이치의 경우, 여자친구에 대한 소망이 이미 실현된 것처럼 느끼며 감사하는 순간, 파동이 발산되고 다른 긍정의 에너지를 끌어당겨 원하는 것을 이루는 강력한 힘이 되었다.

파동의 법칙을 활용하면 부와 성공을 이루기 쉽다. 감사는 긍정의 파동을 발산하고 같은 성질의 운을 끌어당긴다. 이것은 자녀의 삶을 기적으로 가득 채울 수 있는 부와 성공의 비결이다. 감사의 파동을 발산하며 행운을 끌어들인 부자들처럼 말이다.

유대인 엄마의 감사습관 기르기

1. 하루를 감사로 시작한다

유대인 아이들은 감사로 하루를 시작한다. 엄마는 자녀가 아침에 눈을 뜨면 '모데 아니'라는 짧은 감사기도를 한다. "감사드립니다. 당신은 내 영혼을 내게 허락하셨습니다"라는 뜻으로 신에게 감사하며 새로운 아침을 맞이한다. 하루의 첫 말을 감사로 기분 좋게 시작한다.

유대 민족은 기도하는 민족이다. 유대인은 모든 삶의 성취가 기도 덕에 이루어진다고 생각한다.[42] 그들은 이 땅에서 꿈과 환상이 이루어지는 신비한 힘이 기도에 있다고 믿는다. 암송하는 기도문의 종류도 다양하다. 그중에서 아침을 여는 감사기도는 유대인 엄마가 자녀에게 제일 먼저 가르치는 기도다. 보통 아이가 네 살 때부터 가르치기 시작한다. 그들은 '아침 감사'를 생명처럼 지킨다.

2. 무조건 감사한다

유대인 엄마는 '무조건 감사'를 가르친다. 어떤 상황에도 감사하는 능력은 어떤 고난도 이기는 힘이다. 일어나는 모든 일이 자신의 성장을 위한 것이라는 흔들리지 않는 믿음이 있으면 무조건 감사가 가능하다.

> 만일 한 손을 다쳤으면 두 손을 다 다치지 않은 것을 신에게 감사하라.
> 만일 한쪽 발을 다쳤으면 두 발을 다치지 않은 것을 신에게 감사하라.
> 두 손과 두 발을 다 다쳤다 해도 목이 부러지지 않은 것을 신에게 감사하라.
> 만일 목이 부러졌다면 그다음엔 염려할 것이 조금도 없다.
> 신을 만날 테니까.
> 탈무드

3. 모든 사람에게 감사하라

나는 몇 년 전 이스라엘 유학을 다녀온 유대교육 전문가와 식사할 기회가 있었다. 정성스럽게 준비된 음식 앞에서 그녀가 드린 식사 기도는 몇 년이 지난 지금까지도 내게 인상 깊게 남아 있다. 앞에 차려진 음식을 축복하고 음식들이 식탁 위에 오기까지 수고한 모든 사람의 손길에 감사했다. 탈무드 해설가로 잘 알려진 마빈 토케이어의 《탈무드》에는 이런 내용이 나온다.

— 이 세상 최초의 인간은 빵 하나를 만들어 먹기 위해 밭을 일구고, 씨를 뿌리고, 그것을 가꾸고, 거둬들이고, 빻아서 가루로 만들고, 반죽하고, 굽는 등 적어도 열다섯 단계의 과정을 거쳐야 했다. 그러나 지금은 돈만 있으면 빵집에 가서 구워진 빵을 사 먹을 수 있다. 옛날에는 혼자서 해야 했던 복잡한 작업을 지금은 많은 사람이 분업해서 하므로, 빵을 먹을 때에는 많은 사람에게 감사하는 마음을 잊어서는 안 된다. 옷을 입을 때도 마찬가지다. 옛날에 자기 몸에 걸칠 옷을 만들기 위해 했던 많은 일을 여러 사람이 나눠서 해주는 만큼, 옷을 입을 때에도 많은 사람에게 감사하는 마음을 잊어서는 안 된다.

도움을 준 모든 사람에게 감사하는 마음은 부와 성공을 이루는 데 없어서는 안 될 중요한 요소다. 사람을 소중하게 여기고, 감사하게 여기는 마음은 좋은 인연을 끌어당기는 힘이다. 주변 사람들에게 감사하는 습관을 자녀에게 유산으로 물려주자.

감사하는 자녀는 세상을 긍정의 렌즈로 바라본다. 감사의 렌즈를 통과한 위기와 실패는 훌륭한 기회가 된다.

'위기와 실패가 자녀를 가로막도록 내버려둘 것인가,

그것을 부와 성공을 위한 절체절명의 기회로 바꾸는 힘을 키워줄 것인가?'

유대인 부모는 이 질문에 대한 긍정적이며 확신에 찬 답변을 감사에서 찾는다. 감사습관을 자녀에게 선물하자.

엄마가 강력한 감사 에너지를 발산하면 자녀를 같은 파동으로 끌어들일 수 있다. 아이에게 감사 에너지를 발산해보자. 자녀를 사랑하는 만큼 아주 강력하게!

자, 감사 에너지 발산 시작!!

- 부족한 엄마인 나에게 와줘서 고맙다.
- 실수투성이 엄마를 세상에서 제일 사랑해줘서 고맙다.
- TV에 나오는 아름다운 여배우보다 엄마가 더 예쁘다고 말해줘서 고맙다.
- 뽀뽀해줘서 고맙다.
- 지쳐 집에 왔을 때 반겨주어 고맙다.
- 힘든 사춘기 하루하루 잘 버티고 있어줘서 고맙다.
- 조금씩 조금씩 자라고 있어줘서 고맙다.
- 존재만으로 고맙다.

부자처럼 상상하라

미래를 예측하는 가장 좋은 방법은 그 미래를 창조하는 것이다.
피터 드러커

모든 부와 성공은 상상에서부터 시작된다. 유대인 부모는 위대한 상상력의 비밀을 안다. 상상력은 부와 성공을 창조하는 힘이다. 힘없이 사라져버리는 망상이 결코 아니다. 유대인 엄마는 학습력보다 상상력을 키우는 데 집중한다. 상상력은 자녀의 미래뿐 아니라, 세상의 미래까지 창조한다. 인류 역사상 모든 분야에 있어서 유대 민족이 이룬 놀라운 업적의 밑바탕에는 특별히 훈련된 그들만의 상상력이 있었다.

"백만장자가 된 당신의 자녀를 상상하라. 상상하면 반드시 이루어진다"는 말이 허황된 소리 같은가? 램프의 요정 지니처럼, 동화에나 나오는 이야기 같은가?

1. 가난한 가정에서 태어나 평범하게 자란 아이가 있다. 이 아이는 '돈은 신이 주신 선물'이라 생각하며 소중하게 여겼다. 성인이 된 아이는 경리직원이 되어 처음으로 돈을 벌게 된다. 그에게는 특별한 재주가 있었다. 바로 돈을 관리하고 불리는 재주였다. 그는 수입과 지출, 저축과 투자금 그리고 기부금액을 매일 기록하며 하루를 반성하고 내일을 계획했다.[43]

   가난했지만 그에게는 꿈이 있었다. 꿈 많은 청년은 직장 근처 식당에 앉아 있다. 눈을 지그시 감고, 한없이 기쁜 표정을 짓고 있다. 거액의 돈이 통장에 들어오는 상상을 하는 중이다. 훗날 그는 세계 최고의 부자가 되었다.

2. 빈민가 출신 남자가 눈을 감은 채 공원 벤치에 앉아 있다. 그는 상상력을 발휘하여 새로운 문화를 창조 중이다.

   도시 한가운데 지식인들이 모이는 오아시스 같은 공간이 있다. 커피를 파는 가게다. 의자는 푹신하고 조명은 아늑하다. 그윽한 커피 원두의 향은 카페 공간을 넘어 거리의 향기가 된다. 사람들은 이탈리아 고급 커피를 마시며 이 공간에서 로맨스와 상상을 경험한다.[44] 그는 훗날 작은 커피 브랜드를 세계 최고의 카페 브랜드로 성장시켜 최고 경영자가 되었다.

3. 한 어린아이가 잠들기 전 눈을 감고 상상의 나래를 펼치고 있

다. '나는 세계 최고의 부자가 되었어. 나에게는 돈을 버는 엄청난 능력이 있어. 부자가 되어서 나누는 삶을 살아야지. 멋진 세상을 만들어야지.' 원대한 꿈을 품은 아이는 훗날 세계 최고의 투자가가 되었다.

세 사람 모두 세계를 움직이는, 영혼이 살아 있는 위대한 부자들이다.

1. 미국의 석유왕 록펠러
2. 스타벅스 CEO 하워드 슐츠
3. 세계 최고의 투자가 워런 버핏

상상력으로 현대인들에게 커피 문화를 선물한 하워드 슐츠는 유대인이다. 그는 상상력의 비밀을 아는 사람이었다. 그의 삶의 목적은 더 나은 세계를 창조하는 것이었다. 그는 이렇게 말한다.

— 내가 낭만주의자들에게서 발견한 한 가지 특성은, 일상의 단조로움에서 탈피해 새롭고 더 나은 세계를 만들려고 노력한다는 것이다. 그것은 바로 스타벅스의 목적이기도 하다. 우리는 스타벅스 스토어 안에서 사람들이 커피 한 잔을 마시며 편하게 토론도 나누고 재즈를 들으며 쉴 수 있길 바랐다. 즉, 이웃들의 조그마한 공간인 오아시스를 창조해 내려고 노력했던 것이다.

어떤 사람들이 그러한 곳을 꿈꿀까? 내 개인적인 경험으로 볼 때, 어린 시절이 평범할수록 상상력을 발휘하여 모든 것이 가능할 것 같은 세계를 창조해 낸다. 그것은 내 경우에 있어서 아주 맞는 말이다.[45]

평범한 어린아이였던 슐츠는 상상력이 풍부했다. 상상의 세계에서는 모든 것이 가능했다. 어렸을 때부터 훈련된 상상력은 세월이 흘러 세계 인류의 문화를 바꾸는 힘이 되었다. 그는 상상을 현실로 창조하며, 도전하는 삶을 살았다.

한 사람의 상상력이 자신을 세계 최대 커피 프랜차이즈 기업의 CEO로 만들었을 뿐 아니라, 전 세계인의 삶을 더욱 풍요롭게 만들었다. 스타벅스 전과 후의 커피 문화에는 상당히 차이가 있다. 현대인에게 이미 일상이 된 '원두커피를 마시며 대화하는 카페 문화'는 슐츠의 상상에서 시작되었다. 스타벅스 등장 전까지만 해도 커피는 피곤을 물리치고 잠을 깨우는 음료 정도였고, 카페 역시 잠깐 들르는 가벼운 장소였다는 사실이 아주 먼 옛날의 이야기 같다.[46]

상상으로 시작된 하워드 슐츠의 성공 뒤에는 유대인 엄마가 있었다. 슐츠는 빈민가 브루클린의 노동자 부모에게서 태어났다. 그의 엄마는 가난했지만 강인했다. 현실은 비록 가난으로 고통스러웠지만, 그녀는 아들의 멋진 미래를 꿈꾸었다. 아들은 엄마에게서 위대한 정신적 유산을 받았다. 바로 상상력이다.

그녀는 수많은 영웅들의 이야기를 들려주며 아들의 상상력을 길러 주었다. 엄마의 꿈은 현실이 되었다. 아들은 가난과 역경을 이겨내고 멋진 미래의 주인공이 되었다. 그뿐 아니라, 전 세계 사람들에게 더 나은 세상을 선물한 인물이 되었다. 엄마가 들려주던 상상 속의 영웅들처럼 말이다.

상상력은 생존력이다

유대인이 상상력을 중요시하는 이유가 또 있다. 상상력은 부와 성공을 실현시키는 힘이기도 하지만, 현실의 고통을 이겨내는 힘이기도 하다. 죽음의 공포로 가득했던 역사 속에서 상상력은 유대인들에게 힘든 현실을 버티는 힘이었고, 괴로운 현실을 바꾸는 가장 강력한 무기였다. 그들에게 상상은 현실보다 더 현실적인 미래와의 연결이었고, 비참한 현실을 이겨낼 수 있는 인내의 근원이었다.

상상력 하나로 죽음과도 같은 현실을 이겨낸 유대인이 있다. 앞서 소개한 빅터 프랭클이다. 빈에서 많은 사람들을 돕는 의사로 살다가 아우슈비츠로 끌려간 프랭클은 배고픔과 죽음의 공포가 뒤덮은 수용소 안에서 '오늘 저녁은 뭘 줄까? 혹시 소시지를 줄까?' 같은 사소한 문제에 끝없이 집착하는 자신을 보게 된다.

어느 날 자신의 이런 비참한 모습을 도저히 참을 수 없던 그는 생각을 바꾸기로 결심한다. 프랭클은 긴 의자에 누워 자신의 의식을 미래로 연결했다. 수많은 청중이 모인 강의실 교단에서 '집단 수용소의 심리학' 강의를 하는 자신의 모습을 떠올렸다. 현실보다 더 생생하게 느끼며 미래를 상상했다.

슬픈 이야기라고 생각하는가? 절대 아니다. 그의 상상이 그대로 현실이 되었기 때문이다. 1945년 해방 이후 그는 강제 수용소의 경험을 바탕으로 자신만의 심리학을 정립했으며, 사망 전까지 활발한 강의 활동을 펼쳤다. 수용소 시절 긴 의자에 누워 상상 속에서 이미 생생하게 경험한 미래는 그대로 현실이 되었다. 그의 책《죽음의 수용소》는 지금까지 많은 사람들에게 용기와 희망을 주고 있다.

언제 가스실로 끌려가 죽을지 모르는 최악의 상황에서, 버틸 수 있었고 살아남을 수 있었던 것은 프랭클의 상상력 덕분이었다. 수용소의 처참한 현실은 그대로였지만 그는 이미 완전히 다른 존재가 되어 있었다. 상상 속에서 만난 미래의 자신으로 현재를 살았던 것이다. 이렇게 상상력은 그가 죽음의 공포로 가득한 수용소의 삶을 살아내는 방식이었고, 해방 후에는 원하던 소망을 이루는 방법이 되었다.

특별한 상상력 훈련법

유대인 부모는 어떻게 상상력을 훈련할까? 핵심은 침대머리 교육이다. 여기에 상상력 훈련의 비밀이 있다. 유대인 엄마는 교육에 있어서 타이밍을 매우 중요하게 여긴다. 특히 잠들기 전 들려주는《토라》와 《탈무드》에는 아이의 상상력을 자극하는 흥미진진한 이야기들로 가득하다.

큰 물고기 뱃속으로 들어간 반항아 요나, 돌멩이로 거인을 용감하게 무찌른 꼬마 다윗, 목숨 걸고 유대 민족을 구한 아름다운 왕비 에스더, 사자굴 속에서도 살아남은 현명한 다니엘과 친구들. 더구나 그 모든 이야기에는 보이지 않는 그들의 신이 등장한다. 아이들은 이야기를 들으며 자신만의 신을 느끼고 상상하게 된다.

에란 카츠의 저서《천재가 된 제롬》에는 '유대인의 높은 성취와 지적 능력에 대한 근거'를 찾아내려는 젊은 유대인 세 명이 등장한다. 어느 날 세 청년은 카페에 앉아 같은 주제로 대화를 나눈다. 평소 유대인 두뇌의 신화에 얽힌 비밀에 관심이 많았던 카페 주인 파비오가 대화에 합류하면서, 세 청년이 던진 질문 '부와 성공을 얻는 유대인 지능의 비결은 무엇인가?'에 대한 가장 중요한 답을 찾게 된다.

그것은 상상력이었다. 유대인만의 특별한 상상력은 보이지 않는 신을 그리고, 믿고, 느끼는 것으로부터 비롯되었다. 상상력을 통해 창조적인 생각에 닿을 수 있고, 상상은 현실로 바꿀 수 있다고 파비오는 설명한다.[47]

잠들기 전, 완벽한 타이밍

특별한 상상력을 위한 유대인의 또 다른 비밀은 훈련 '타이밍'이다. 나는 '잠들기 전' 시간에 주목한다. 수천 년 동안 유대인 부모가 목숨같이 지켜온 계명이 있다.《토라》에 나오는 교훈을 자녀에게 부지런히 가르치고, 하루 네 번 토론하는 것이다. 집에 앉아 있을 때, 길을 갈 때, 누워 있을 때, 일어날 때. 그중 창조적 상상력을 키울 수 있는 가장 좋은 때는 '누워 있을 때', 즉 잠들기 전이다.

자는 동안 사람의 뇌에서는 놀라운 일들이 일어난다. 황농문 교수는 저서《몰입》에서 꿈속에서 위대한 발견이 이루어진다고 말한다.[48] 황 교수는 수면 중인 뇌는 초능력에 가까운 기능을 가지고 있다고 주장한다. 잠자는 동안 사람의 뇌는 낮에 경험한 것을 해마에서 재정리하고 통합한다. 중요한 정보들만 장기 기억, 즉 잠재의식 속으로 보내진다.

수면 과학 측면에서도 근거를 제시한다. 수면 상태에서는 잠재의식이 활성화된다. 사람은 잠을 잘 때 엄청난 양의 정보를 기억할 수 있는 잠재력을 갖는다. 잠재의식 속에 저장된 정보들은 살면서 맞닥뜨리는 문제들을 해결할 수 있는 능력과 창의적인 아이디어의 근원이 된다.

세계적인 신경 과학자이며 수면 전문가인 매슈 워커는 잠의 유익을 설명한다. 수면 중인 뇌는 과거와 현재의 지식을 융합하여 창의성을 꽃피우도록 가상의 현실을 만들어 내기도 하고, 충분한 잠을 통해 기억력과 창의력을 높일 수 있다는 것이다.[49]

유대인 부모는 잠들기 전, 이야기를 끝까지 들려주지 않는다. 아이가 더 이야기해달라고 졸라도 소용없다. 엄마는 단호히 거절한다. 자는 동안 호기심이 뇌를 자극하여 아이의 상상력이 엄청나게 성장할 것을 알기 때문이다.

극한 어려움 속 생존의 비밀, 부와 성공의 비밀은 바로 상상력이다. 이제 상상력의 위대함을 알았으니, 당신이 자녀의 상상에 날개를 달아줄 차례다. 먼저 우리부터 실천해보자. 잠들기 전, 행복한 부자가 되어 이웃에게 베풀며 살아가는 자녀의 모습, 더 나은 세상을 창조하는 미래의 주인공이 된 아이의 모습을 상상해보자. 생생하게 느낄수록 좋다. 현실보다 더 현실처럼.

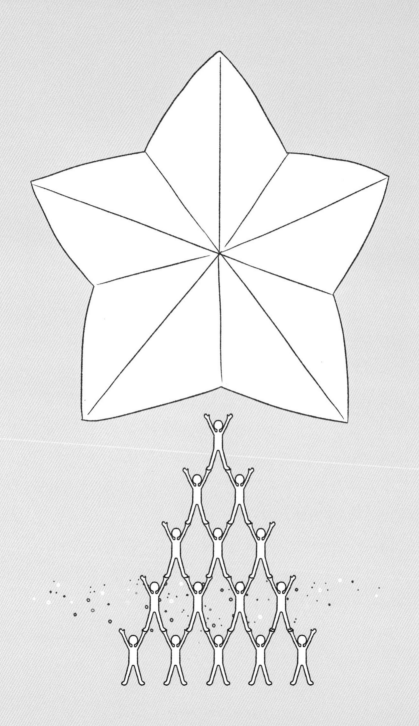

부자처럼 느끼라

배고플 때 노래하고, 상처 받았을 때 웃어라
유대 격언

젊은 유대인 부자, 마크 저커버그의 표정에는 흔들림이 없었다. 그의 승리였다.

몇 년 진 페이스북은 최대의 위기를 맞았다. 수천만 명의 개인 정보 유출 사건으로 인해 주가는 대폭락하고 대대적인 탈퇴운동까지 일어났다. 최악의 사건으로 청문회에 불려간 페이스북 CEO 마크 저커버그는 쏟아지는 질문 공세에도 한 치의 감정적 동요도 없이 차분히 답변했다. 언론은 그의 승리라고 평가했다.[50]

부자는 감정의 주인이다. 스스로 감정을 다스리는 능력은 부자들의 공통점이다. 지식이나 능력이 부족해서 성공할 수 없다고 생각하는 사람에게 기쁜 소식이 있다. 하버드 심리학과 연구결과에 따르면 지식과 능력이 부와 성공에 미치는 영향은 15퍼센트밖에 되지 않는다.

반면 감정이 부와 성공에 미치는 영향은 놀라울 정도다.

—— 감정이 80퍼센트 이상이다. 지식과 능력은 15퍼센트뿐이다.[51]

오랫동안 숨겨진 감정의 비밀이 세상에 드러나고 있다. 눈부신 과학의 발달 덕분이다. 하지만 유대 전통은 이미 수천 년 전부터 신비로운 마음의 힘에 대해 가르쳐왔다. 그 결과 유대인은 감정의 힘을 활용하여 최고의 부와 성공을 이루었다. 그들은 감정에 답이 있다는 사실을 알았다.

감정은 최고의 레버리지

"일은 기쁘게, 결과는 탁월하게."
이보다 효율적인 삶의 방식이 있을까. "일은 죽도록 열심히, 결과는 힘든 만큼"이라는 삶의 공식에 익숙한 우리에게 즐겁게 일하며 최고의 성과를 내는 것이 가능할까 의문스럽기만 하다. 하지만 가능하다! 이것이 바로 유대인이 탁월한 부와 성공을 얻은 비결이다. 지금 느끼는 감정에 답이 있다. 감정은 최고의 레버리지다.

삼십 대 초반에 백만장자가 된 젊은 부자가 쓴 《레버리지》라는 책이 있다. 한때 가난했던 영국 청년 롭 무어는 빠른 속도로 부를 이룬다. 레버리지 효과를 이용해서 말이다. 지렛대 또는 지렛대의 힘을 나타내는 단어 '레버리지'는 지렛대를 이용해 작은 힘으로 무거운 물체를 올릴 수 있음을 뜻한다. 부의 레버리지 역시 같은 원리다. 다른 사람들의 시간과 능력 또는 시스템을 지렛대로 활용하여 가장 효율적으로 부를 창출하는 것이다.[52]

나에게 충분히 긴 지렛대를 준다면, 나는 세상을 움직일 수 있을 것이다.

아르키메데스

내면에 있는 무한한 부의 잠재력을 극대화하는 가장 훌륭한 레버리지가 바로 감정이다. 부자는 감정을 활용하여 부와 성공을 이룬다. 유대인 부모는 자녀를 풍부한 감정을 지닌 아이로 키운다. 감정은 부과 행복을 가져다줄 '강력한 힘'이자, '신의 선물'이라고 믿기 때문이다.

당신의 내면 깊은 곳에서 솟아나는 진정한 기쁨을 따르라.
만일 당신 안의 기쁨을 따른다면,

> 당신은 언제나 당신을 기다리고 있던 그 길을 걷고 있는 셈이다.
>
> 내면의 기쁨을 따르기로 마음먹을 때,
>
> 벽으로 둘러싸여 아무런 문도 없던 그곳에,
>
> 우주는 당신을 위한 문을 활짝 열어줄 것이다.[53]
>
> 조지 캠벨

미래 사회에 필요한 세 가지 부의 능력

미래 사회에 꼭 필요한 세 가지 부의 능력이 있다. 직관력, 창조력, 공감력이다. 감정은 이 능력들의 레버리지다. 풍부한 감정을 가진 아이들은 부와 행복을 동시에 거머쥐는 미래의 인재가 될 것이다. 감정은 신의 선물이다.

감정은 직관력의 레버리지다

스티브 잡스로 인해 직관력이 크게 주목받고 있다. 직관은 내면의 소리를 느끼는 것이다. 세상은 빠르게 변하고 있다. 현재는 막막하고 미래는 불확실하다. 이러한 시대적 상황 속에서 직관력은 더욱 돋보이게 마련이다. 직관력은 21세기에 반드시 갖추어야 할 부의 능력이다.

불확실성과 불안이 가득한 외부 세계로부터 얻은 답은 더 이상 믿을 수 없다. 이것이 스티브 잡스뿐 아니라 조지 소로스, 빌 게이츠, 하워드 슐츠 등 세계적인 부와 성공을 이룬 사람들이 내면의 소리에 집중하고, 내면의 메시지를 따르는 이유이다. 유대인 부모는 자녀에게 '마음의 북소리'를 따르라고 가르친다.

— 나는 호기심과 직관을 따르면서 많은 아이디어를 만났습니다. 그중 대부분이 시간이 지나 상상할 수 없는 가치들로 세상에 태어났습니다. (…) 가장 중요한 것은 당신의 마음과 직관을 따르는 용기를 가지는 것입니다. 당신의 마음과 직관은 이미 알고 있습니다. 여러분이 진정으로 원하는 것을 말이죠.[54]

창조적 카리스마로 세계적 기업을 경영하며, 혁신적인 아이디어로 세계 문화를 창조한 잡스의 말이다. 직관력은 새 시대에 맞는 최첨단 무기다. 우리는 이성적 사고와 논리적 분석을 근거로 판단하고 결정하는 데 익숙하다. 하지만 21세기에는 새로운 무기가 필요하다. 다행히 이 무기는 이미 우리 안에 있었고, 지금도 있으며, 앞으로 영원히 있을 것이다. 다만 사용법을 익히는 것은 우리의 몫이다. 지금 이 순간 느끼는 감정이 바로 답이다.

《2030년 부의 미래지도》의 저자들은 창조의 기폭제인 감성 능력을 길러 미래를 준비하라고 조언한다.[55] 직관은 경험과 지식에 기초하지만, 직관이 작용하거나 밖으로 표현될 때는 '감정'을 매개로 몸에 전달된다고 말한다. 보이지 않는 내면의 메시지는 '감정'을 통해 표현된

다는 뜻이다. 현재의 느낌을 관찰하는 습관이 직관력을 키우는 방법
이다.

직관이 답이다

이성과 논리로 이길 수 있는 시대는 끝났다. '이성과 논리'는 '감성과
직관'과 완벽한 조화를 이루어야 한다. 이때 '감성과 직관'이 먼저다.
논리력과 직관력을 조화롭게 활용하여 경이로운 투자 수익률을 올린
유대인이 있다. 수학적 · 과학적 예측을 뛰어넘는 성과로 인해 '투자의
신'이라 불리는 그는 현대 금융 역사에 한 획을 그은 조지 소로스다.

> 내가 부자인 이유는 내가 틀렸을 때를 알고 있기 때문이다.
> 나는 기본적으로 내 실수를 인식함으로써 살아남았다.
>
> 조지 소로스

소로스는 투자가로서 쌓은 경험과 지식을 활용하고 정치, 경제, 심리
적 상황을 논리적 · 과학적으로 분석한 후 투자를 결정한다. 하지만
그는 자신이 부자가 된 이유를 '실수를 인식함'에서 찾는다. 더 특이
한 점은 실수를 알아차리는 방법이 전혀 논리적이지 않다는 것이다.
"당신의 논리가 잘못되어 가고 있다는 걸 어떻게 알아차리나요?"라
는 질문에 조지 소로스는 이렇게 대답했다.

— 그럴 때면 나는 통증을 느낀다. 나는 동물적인 육감에 크게 의존한다. 돈을 활발히 굴리고 있었을 때 허리의 통증이 왔다. (⋯) 그것이 뭔가 문제점을 찾도록 재촉했다. 그렇지 않았으면 지나쳐버렸을 것을 말이다. 주식투자를 위해 그다지 과학적인 방법은 아닐 것이다.[56]

다른 투자가와는 다른 소로스만의 특이점이 하나 더 있다. 그에게는 특정한 투자 스타일이 없다는 사실이다.

> **더 정확하게 말하자면, 저는 상황에 맞춰 제 투자 스타일을 바꿉니다.**
> 조지 소로스

그는 몸의 통증으로 투자 리스크를 감지하고, 상황에 따라 투자 스타일을 바꾸는 비논리적인 방법으로 비과학적인 수치의 높은 수익률을 기록했다. 이것이 직관의 힘이다. 직관은 내면의 목소리다. 조지 소로스는 마음에서 보낸 메시지를 느끼고, 믿고, 따르는 직관적 투자가였다. 직관은 느낌으로 우리에게 전달된다. 지금 느끼는 감정이 답이다.

인간 고유의 능력: 창조력과 공감력

유대인은 창조력과 공감력을 길러주는 부자교육을 한다. "앞으로 세상은 감성지수가 높은 이들의 소리에 귀를 기울일 것이다." 세계적인 심리학자이자 경영사상가인 다니엘 골먼의 말이다.[57] 감성지수가 높은 사람은 창조력과 공감력이 높다. 미래 사회에 반드시 이기는 부의 능력들이다. 창조력과 공감력 역시 감정을 통해 극대화된다.

인공지능이 인간의 능력을 대체하는 시대가 오고 있다. 여기저기서 우려의 목소리가 터져나온다. 로봇들이 인간의 일자리를 빼앗고 더 많은 사람들이 가난의 고통으로 힘들어지리라 예측한다. A. I. 로봇이 인간을 지배할 거라는 극단적인 주장도 있다. 아무도 가보지 않은 길이기에 두려움이 앞선다.

불확실한 인공지능 시대, 어떻게 준비할 것인가? 이 질문에 대한 답을 품고, 미래를 향하여 당당히 나아가는 학교가 있다.

그 학교는 하버드보다 입학하기가 어렵다. 전 세계에서 뛰어난 인재들이 모이는 곳이다. 미네르바 스쿨 학생들은 100대 1이라는 높은 경쟁률을 뚫고 입학한다. 세계 최고의 명문대학인 하버드보다 2015년에 개교한 신생대학이 세계적 인재들에게 더 인기 있는 이유는 무엇일까?

수업은 100퍼센트 온라인으로 이루어지며, 처음부터 끝까지 실시간 토론으로 진행된다. 학생들은 4년 동안 세계 7개국[58]을 돌아다닌다. 각 나라에 있는 학교 기숙사에서 일정 기간씩 머무르며 현장 경험을 통해 국제적 감각과 글로벌리더십을 키운다. '인공지능 시대, 어떻게 준비할 것인가'라는 질문에 대한 답은 미네르바 스쿨 학장의 한 마디로 충분할 것이다.

"기계들이 가장 어려워 할 능력을 키웁니다."[59]

인공지능이 절대로 대체할 수 없는 인간 고유의 능력이 바로 창조력과 공감력이다. 새 시대에 반드시 이기는 부의 능력이다. 그리고 풍부한 감정은 창조력과 공감력의 레버리지다.

어느 미래학자의 예측

세계에서 가장 영향력 있는 비즈니스 사상가이며 미래학자인 다니엘 핑크는 특정 능력을 갖춘 인재가 새로운 미래를 지배할 거라고 주장한다. 그에 의하면 인류는 정보화 시대를 지나 하이컨셉(High-Concept)과 하이터치(High-Touch)의 시대로 진보해 나가고 있다. 하이컨셉과 하이터치의 시대가 필요로 하는 인재의 능력이 인공지능 사회가 필요로 하는 인재의 조건과 동일하다. 바로 창조력과 공감력이다.

— 하이컨셉은 예술적, 감성적 아름다움을 창조하는 능력이다. 트렌드와 기회를 감지하는 능력, 훌륭한 스토리를 만들어내는 능력, 언뜻 관계가 없어 보이는 아이디어들을 결합해 뛰어난 발명품으로 만들어내는 능력이다.

하이터치는 간단히 말하면 공감을 이끌어내는 능력이다. 인간관계의 미묘한 감정을 이해하는 능력, 한 사람의 개성에서 다른 사람을

즐겁게 해주는 요소를 도출해내는 능력, 평범한 일상에서 목표와 의미를 이끌어내는 능력이다.[60]

다니엘 핑크가 말하는 하이컨셉 즉, 창조력은 감정을 통해 향상된다. 감정이 메마른 사람이 창조적 아이디어를 내기란 불가능하다. 더 나은 대한민국 교육을 꿈꾸는 책추남 나비스쿨의 조우석 대표는 "감정은 강력한 창조에너지"라고 말한다. 그는 사랑이라는 감정을 원동력으로 창조 활동을 펼치는 예술가들을 대표적 사례로 제시한다.[61] 창의성이야말로 21세기 핵심역량이며, 자녀의 행복과 미래를 위해 창의성에 투자하라고 엄마들에게 조언한다.

> **가슴이 없는 천재라는 것은 넌센스다.**
> **천재를 만드는 것은 오직 사랑, 사랑, 사랑뿐이다.**
> 모차르트

다니엘 핑크가 말하는 하이터치, 즉 공감력 역시 감정을 통해 길러진다. 풍부한 감정을 경험하고, 자신의 느낌을 알아차리는 습관을 지닌 아이는 다른 사람의 감정을 함께 느낄 수 있다.

유대인 부모는 자녀가 다양한 감정을 느낄 수 있는 환경을 만들어주고, 어떠한 감정이든지 먼저 공감해 준다. 부정적 감정은 수용해주고, 긍정적 감정을 스스로 선택하도록 교육한다. 공감을 받은 아이는 친구의 감정을 공유할 수 있다. 공감력이 높은 사람이 되는 것이다.

> 우리는 공감과 연민으로써 타인에게 귀를 기울이고,
> 그들이 느끼는 감정을 듣는 법을 반드시 배워야 한다.
> 틱낫한

'부'가 모이는 '감성'

지금은 감성시대다. 앞서 말한 '영성'과 함께 '감성'은 이 시대의 또 다른 부의 키워드다. 사람들은 더 이상 똑똑한 제품에 감동하지 않는다. 따뜻한 제품에 열광한다. 기능이 많은 핸드폰보다 디자인이 예쁜 제품을 선택하고, 지식이 뛰어난 의사보다 환자와 함께 웃고 함께 아파할 수 있는 의사에게 감동한다. 이제는 이성이 아닌 감성으로 소비하는 감성사회다.

> 애플은 가슴으로 탄생한 것이다.
> 넥스트도 그렇게 되길 원한다.
> 일하러 오는 사람들이 느낄 수 있었으면 좋겠고,
> 제품을 사용하는 사람들이 느낄 수 있으면 좋겠다.
> 스티브 잡스

유대인은 감성 비즈니스의 선구자다. 그들에게 비즈니스란 사람들에게 유익을 주는 선행이고, 이익은 사람들을 행복하게 한 행위에 대한 보상이다. 고객의 행복 창출이 곧 수익 창출이다. 사람에게 최고 가치를 둘 때, 부와 성공은 자연스럽게 따라오는 것이다.

"네 이웃을 네 자신처럼 사랑하라." 유대인들이 가장 소중히 여기는 계명이다. 그들에게 사랑은 신의 속성이자 신의 뜻이다. 유대인 부모의 교육목표는 자기 자신과 이웃을 사랑하는 아이로 키우는 것이다. 그리고 유대인 엄마는 꿈을 꾼다. 잔잔한 호수에 던진 작은 돌멩이에서 시작된 물결이 호수 전체를 흔들듯, 자녀에게서 발산된 사랑으로 더 많은 사람들이 행복한 세상을 꿈꾼다. 사랑은 감정 중 최고의 감정이다.

— 1924년 1월 2일. 뉴욕.

리처드 사이먼의 발걸음은 살을 에는 듯한 겨울 찬 공기를 뚫고 할머니 집을 향하고 있었다. 그날 찾아뵙기로 한 할머니와의 약속을 지키기 위해서였다. 긴 겨울밤을 홀로 지내실 할머니를 생각하면 강추위쯤은 문제도 아니었다.

할머니 집에 머무는 동안, 리처드는 할머니가 이웃할머니와 십자낱말퀴즈를 즐기며 긴 겨울을 보내고 있다는 사실을 알았다. 혹독한 추위에 취약한 두 노부인이 실내에서 할 수 있는 유일한 취미였다. 문제는 일요일마다 〈뉴욕월드〉에 실리는 퀴즈를 화요일이면 다

풀어버린다는 사실이었다. 화요일부터 다음 일요일이 오기를 무료하게 기다리는 할머니를 보며 리처드는 잠시 생각에 잠겼다.

"할머니, 책 한 권 전체가 십자 낱말퀴즈로 되어 있다면 어떠실 것 같으세요? 좋으세요?"

리처드의 질문에 할머니의 표정이 밝아졌다. 상상만 해도 행복한 눈빛이다.

"만약 그런 책이 나오기만 한다면야."

리처드는 친구이자 동료인 링컨 슈스터를 설득하여 〈십자 낱말퀴즈〉를 출간한다. 뉴욕 출신의 유대인 청년 둘이서 만든 작은 책 한 권이 후에 출판제국 '사이먼 앤 슈스터'의 토대가 되었다. 그 시작은 할머니를 향한 손자의 사랑과 배려였다.[62]

감정의 노예 vs. 주인

감정의 씨앗은 폭발적인 에너지를 품고 있다. 씨앗은 상상할 수 없을 만큼 자란다. 어떤 씨앗인가에 따라 위대한 부의 열매로 자랄 수도 있고, 비참한 가난이라는 결과를 낳을 수도 있다. "심은 대로 거둔다"는 인과의 법칙이다.

유대인은 자녀가 감정의 주인이 되도록 교육한다. 사람을 가난하게도, 부유하게도 할 수 있는 강력한 감정의 힘을 알기 때문이다. 감정

이란 '칼'과 같다. 강도의 손에 쥐어진 칼은 생명을 위협하지만 의사의 손에 있는 칼은 생명을 살린다. 감정이란 부를 창조하는 힘이지만 파괴하는 힘이 될 수도 있다. 그래서 유대인 엄마는 자녀의 감정을 늘 살핀다. 부모가 아이의 기분에 무조건 맞춘다는 뜻이 아니다. 자녀가 감정의 주인이 되도록 훈련한다는 말이다.

미국에서 가장 영적인 작가로 손꼽히는 캐서린 폰더는 "우리는 모두 감정의 동물이며, 그것은 우리를 경제적으로 파괴할 수도 있고 생성시킬 수도 있다. 즉, 추진력이 될 수도 있고 파괴력이 될 수도 있다"고 말한다.[63] 감정은 가장 귀중한 재산이기 때문에 황금을 캐는 심정으로 감정을 관리해야 한다고 조언한다.

> **더욱 네 마음을 지켜라. 생명의 근원이 마음에서 나기 때문이다**
> 잠언

유대인의 지혜는 마음을 지키는 것이 가장 중요하다고 가르친다. 사람의 마음은 의식과 잠재의식으로 이루어져 있다. 의식은 생각의 영역(5%)이고 잠재의식은 감정의 영역(95%)이다. 감정은 잠재의식과 소통할 수 있는 유일한 방법이다. 우리의 느낌만이 잠재의식에 전달된다.

잠재의식과 연결하는 감정이 우리 삶에 미치는 영향력은 실로 엄청나다. 따라서 '마음을 지켜라'라는 유대 교훈은 '감정을 지켜라'는 말과 같다. 더욱 네 감정을 지켜라. 생명의 근원이 감정에서 나기 때문이다!

> **분노하는 자는 그 순간 지옥에 있는 것이다.**
> 탈무드

기뻐하는 자는 그 순간 천국에 있는 것이다. 감정은 자녀를 행복한 부자로 만든다. 행복한 부자들은 높은 진동 수의 감정을 잘 유지한다. 그들이 발산하는 높은 주파수의 감정 에너지는 부와 성공을 끌어당긴다. 그들의 물질적 부는 그들의 감정에 따른 결과이다. 행복한 부자들은 힘든 상황 속에서도 긍정적 감정을 지킨다. 그들은 감정의 주인이다. 그리고 그것을 추진력 삼아 행복하게 부와 성공을 이루었다.

감정을 선택하라

유대인 부모는 현재의 느낌에 항상 깨어 있도록 훈련한다. "지금 기분이 어때?"라는 엄마의 질문에 자녀는 그 순간 자신의 감정을 관찰한다. 그리고 유대인 부모는 자녀가 감정을 스스로 선택할 수 있다고 가르친다.

── 너는 네 감정의 주인이야. 네가 원하는 감정을 선택할 수 있어.

가난한 사람들은 궁핍한 현실로 인해 부정적 감정을 느끼는 것이 당연하다고 믿는다. 하지만 결코 그렇지 않다. 현실이 힘들더라도 인간은 사랑, 기쁨, 감사 등 긍정적 감정을 선택할 수 있다.

물론 훈련이 필요하다. 훈련의 시작은 감정의 근원을 깨닫는 것이다. 감정은 내면에서 나오는 힘이다. 외부 조건에 따라 결정되지 않는다. 이것을 깨달으면 더는 상황과 사람을 원망하지 않고, 자신의 마음으로 시선을 돌리게 된다. 현재의 감정을 수용하고, 원하는 감정을 선택하는 진정한 감정의 주인이 되는 첫걸음이다.

미래의 인재로 키우고 싶다면, 행복한 부자로 키우고 싶다면, 배고플 때 노래하고, 상처 빚었을 때 웃을 수 있는 자녀로 키우고 싶다면, 자녀의 감정에 답이 있다.

부자처럼 긍정하라

신은 명랑한 사람에게 복을 내린다.
낙관은 자신뿐 아니라 다른 사람도 밝게 만든다.
탈무드

긍정 마인드는 부와 성공의 반석이다. 긍정 마인드 없이 얻은 부와 성공은 모래 위에 지은 집과 같아서, 파도가 밀려오면 한순간에 무너져버리고 만다. 인생의 위기에 금방 쓰러지고 마는 것이다. 긍정 마인드가 없는 사람은 실패했을 때 다시 일어나기 어렵다. 아래 여덟 명의 비참한 인생 스토리에는 분명한 공통점이 있다.

1. 찰스 슈와브는 파산 상태로 생을 마감하기 5년 전까지 남에게 돈을 구걸하며 힘겹게 살았다.
2. 하워드 홉슨은 정신이상자가 되었다.
3. 아서 커튼은 파산 지경이 되었으며 이후 타국에서 숨을 거뒀다.
4. 리처드 휘트니는 교도소에 수감되었다.

5. 앨버트 폴은 교도소에서 보석으로 출감하고 난 후 집에서 죽
   었다.
6. 제시 리버모어는 안타까운 죽음을 맞이했다.
7. 이바 크루거 역시 비참한 죽음으로 생을 마감했다.
8. 레온 프레이저의 결말도 처참했다.

1923년 시카고 에지워터 비치 호텔에 모인 여덟 명의 부호들은 그 당
시 미국 정부가 한 해에 운용하는 돈보다 더 많은 돈을 쥐고 흔드는
사람들이었다.[66] 최악의 인생 결말을 맞이한 여덟 명 모두 한때는 세
계 최고의 대부호였다는 공통점이 있다.

1. 세계에서 가장 큰 철강회사의 회장
2. 북미 최대 석유회사의 회장
3. 최대 규모의 밀 생산회사의 회장
4. 뉴욕 증권회사의 회장
5. 대통령 수뇌부의 핵심 멤버
6. 월스트리트의 가장 큰손
7. 세계적 전매특허 회사의 회장
8. 국제 복지기금 회장

삶의 비참한 최후를 맞이한 여덟 명 모두 한때는 세계에서 가장 성공

한 사람들, 돈 버는 능력이 누구보다 탁월했던 부자들이었다. 긍정 마인드 없이 돈만 많이 버는 것은 위험하다. 진정한 부자는 육체적, 정신적, 물질적으로 건강하고 균형 잡힌 삶을 산다.

유대인의 긍정 마인드

쑤린은 유대인의 긍정 마인드를 높이 평가하고 연구하는 하버드대학 교수이자 베스트셀러 작가다. 지멘스, 구글, 시스코 시스템스 등 세계 500대 기업의 경영 컨설턴트인 그가 유대인에게 주목하는 이유는 그들만의 특별한 생각 방식 때문이다.

낙관주의는 남과 다르게 생각하고, 부를 나누며, 경쟁을 즐기는 유대인 성공 마인드의 핵심이다. 쑤린은 세계 인구의 0.2퍼센트에 불과한 유대인이 경제·금융·과학·문화 등 모든 분야에서 세계를 움직이는 비결은 긍정 마인드에 있다고 말한다.

— 유대인은 비관적인 성격과 친하지 않다.

(중략)

그들은 확실히 똑똑하다. 그런데 유대인보다 지능지수가 높은 민족은 무수히 많다. 하지만 그들은 유대인처럼 부를 거머쥐지 못한다. 이점만 보더라도 부를 축적하려면 똑똑한 두뇌 말고도 기회와 운

같은 다른 조건이 맞아야 한다는 사실을 알 수 있다. 그중에서도 특히 간과하는 것이 있는데, 바로 유대인의 심리 상태다.

계속 말했지만 유대인은 돈 버는 것을 중요하게 여긴다. 하지만 그들은 돈 버는 과정 자체를 즐기는 것이 더 중요하다고 생각한다. 그래서 돈을 벌기 위해 끊임없이 노력하며, 일시적으로 실패하더라도 포기하거나 위축되는 일이 없다. 이런 낙관적인 심리 덕분에 유대인은 치열한 비즈니스 전쟁에서 종횡무진 활약하고 있다.[65]

살다 보면 누구나 어려움에 맞닥뜨릴 수밖에 없다. 이것은 인생 법칙이다. 하지만 낙관적인 사람들은 어떠한 역경이라도 버티고 이겨낼 힘이 있다. 유대인 부모는 어렸을 때부터 자녀의 긍정 마인드를 키워준다. 긍정 마인드를 대물림하는 일은 100억 유산을 물려주는 것보다 훨씬 낫다.

가장 훌륭한 교육은 삶으로 보여주는 것이다. 유대인 부모는 힘든 고난을 긍정 마인드로 이겨냈고, 그 모습을 보고 자란 아이는 자연스럽게 부모를 닮은 삶을 살아간다.

베일리는 가난한 부모를 따라 뉴욕으로 이주했다. 아빠의 목공 일로 가족의 생계를 꾸려 갔지만, 풍습성 관절염으로 누워 지내는 날이 많아 생활비는 턱없이 부족했다. 가사와 양육을 도맡았던 엄마는 어려운 환경 속에서도 불평하지 않고, 하루에도 수십 번씩 "바세트"라고 말했다. 바세트는 '이는 하늘의 뜻이다. 우리의 삶은 언제나 힘든 일 뒤에 즐거움이 찾아온다'는 의미다. 베일리의 엄마는 바세트를 외치며 어려움을 이겨냈다.

> **어둠이 짙을수록 빛은 가까이 있다.**
> 유대 격언

성인이 된 베일리는 아주 우수한 의과 대학생이었지만 가난해서 자퇴를 해야만 했다. 엄마는 아들을 위로했다. "너무 속상해하지 말거라. 더 좋은 일이 생길지도 모르잖니?"

낮에는 레스토랑에서 일하고 밤에는 공부를 했다. 졸업 후 다니던 직장에서 좋은 아이디어를 말했다가 사장을 무시한다고 해고를 당했다. 정신적 충격도 컸지만 경제적 어려움도 겪어야 했다.

불안과 근심이 연속인 나날들. 베일리는 엄마가 늘 주문처럼 외우던 '바세트'를 떠올리자 마음이 평안해지는 것을 느꼈다. 다시 사업에 도전하여 회사를 차렸고 결과는 대성공이었다. 그는 엄청난 부자가 되었다.[66]

— 이는 하늘의 뜻이다. 우리의 삶은 언제나 힘든 일 뒤에 즐거움이 찾아온다.

"바세트"를 수시로 되뇌며 역경을 극복한 베일리의 엄마는 전형적인 유대인 엄마의 모습이다. 그녀는 삶 속에서 몸소 실천하며 자녀에게 가장 귀한 유산, 긍정 마인드를 물려주었다. 아들은 가장 힘들 때 엄마를 떠올렸다. 그러자 다시 도전할 수 있는 용기가 생겼고 결국 부와 성공을 이루었다.

유대인은 수천 년 동안 나라 없이 전 세계로 뿔뿔이 흩어져 살았다. 가는 곳마다 박해를 받으며, 살던 곳에서 언제 갑자기 쫓겨날지 모르는 불안한 세월을 보냈다. 하루아침에 전 재산을 몰수당하고 애써 정착한 땅을 떠나야 했다. 유대인 학살이 전염병처럼 퍼지던 시절도 있었다. 불시에 독일군에게 발각되어 가족 전체가 강제수용소로 끌려갈지 모르는 극한의 두려움 속에 갇혀 지내야만 했다.

> **두려움을 동반하지 않는 희망은 없고, 희망을 동반하지 않는 두려움도 없다.**
> 유대 격언

전쟁의 소리가 가득한 상황 속에서 유대인 엄마는 본능적으로 자녀들에게 "괜찮아. 얘들아. 곧 좋은 일이 올 거야"라고 말해주었다. 엄마의 말은 자녀의 잠재의식에 심긴 긍정의 씨앗이 되었다. 엄마 자신도 긍정 확언을 하며 죽음의 공포를 이겨낼 수 있었다.

　유대인 부모의 긍정 마인드는 죽음의 공포 속에서 자신과 가족을 지키는 생존 무기였다. "내일은 좋은 일이 생길 거야." 매일 밤 들려주는 엄마의 낙관적 말 한마디에 아이들은 평화와 자유가 곧 오리라는 희망을 품고 편히 잠들 수 있었다. 밖에서 들리는 커다란 총성보다 귓가에 속삭이는 엄마의 말이 진실로 더 강했다.

절망을 희망으로 꽃피운 유대인의 지혜

유대인은 오랜 세월, 수없이 많은 역경을 만났고 박해와 핍박을 견뎌야 했다. 갖은 위기 속에서 유대인 엄마의 지혜는 더욱 단련되었다. 전쟁이 남긴 처참한 현실 속에서도 자녀에게 긍정의 씨앗을 심었다.

유대인은 처절한 가난과 역경 속에서도 끝까지 긍정 마인드를 잃지 않았다. 이는 그들만의 생존력, 회복력 그리고 세계 최고의 부와 성공을 이룬 원동력이었다. 다음은 폐허 속에서도 꽃을 피운 유대인의 초긍정 마인드를 보여주는 일화이다.

─── 제2차 세계대전으로 인해 유대인은 모든 것을 잃어버렸다. 가족, 재산, 삶의 터전… 남은 것은 아무것도 없는 듯했다. 종전 후 살던 곳으로 돌아온 그들의 눈앞에는 전쟁의 잔혹함을 그대로 보여주는 폐허뿐이었다. 그들에게 과연 희망이란 게 존재할 수 있을까. 사막에도 꽃은 핀다.

몇몇 사회학자들이 전쟁 후 상황을 조사하기 위해 팀을 이끌고 현장을 방문했다. 조사 팀은 다 무너져가는 집에 살고 있는 유대인들을 직접 만났다. 팀원들의 마음도 무너져 내렸다. 어디에서도 희망이 보이지 않았다.

팀을 이끄는 사회학자 한 명이 팀원들에게 물었다.

"과연 유대인들이 다시 일어날 수 있을까요? 여러분의 생각은 어떤가요?"

팀원 대부분 긍정적인 대답을 내놓지 못했다. 단 한 명만 제외하고는 말이다.

"그들은 반드시 다시 일어설 것입니다!"

그의 확신에 찬 반응에 다른 팀원들은 의아했다.

"아니, 이유가 뭔가요? 그들은 모든 것을 잃었습니다."

그는 회의에 찬 팀원들에게 반문했다.

"우리는 유대인 가정들을 둘러보았습니다. 집집마다 식탁 위에 무엇이 있었는지도 보셨나요?"

팀원들은 그들이 본대로 대답했다.

"꽃이 담긴 꽃병이 놓여 있었습니다.

"맞습니다. 이처럼 참담한 재앙을 겪고도 꽃으로 집안을 장식할 수 있는 민족이 세상에 어디 있겠습니까? 그들은 폐허 속에서 보금자리를 다시 만들고 틀림없이 재기할 것입니다."[67]

결과는 이미 우리가 보았고, 우리가 들은 대로다. 그의 예측대로 유대인들은 절망을 희망으로 승화시키며 다시 일어났고, 세계 정상에 우뚝 섰다.

유대인 엄마는 꽃 한 송이로 자녀의 무의식에 긍정의 씨앗을 심었다. 사방을 둘러보아도 전쟁 후 남은 폐허뿐, 온전한 건물은 어디에도 찾아볼 수 없었다. 하지만 어둠이 아무리 강해도 빛을 이길 수 없듯이, 척박한 환경이 그들의 마음까지 부정적으로 만들 수 없었다. 집집마다 식탁 위에 놓인 꽃병, 유대인 부모의 지혜와 긍정 마인드의 상징이다.

긍정 마인드를 키우는 유대인의 지혜

유대인 부모들은 자신의 부모로부터 민족의 오랜 지혜를 배운다. 그리고 그 가르침을 자녀에게 흘려보낸다. 《탈무드》를 보면 성공이란 거창한 게 아니라 '하루하루를 즐겁고 행복하게 보내는 것'이다. 자녀가 매일 즐겁고 행복할 수 있다면 얼마나 좋을까? 이 세상 모든 부모의 희망일 테다. 유대인은 아이의 행복을 위해 어려서부터 긍정 마인드를 갖도록 교육한다. 그렇다면 유대인 부모들은 어떻게 긍정 마인드를 키워줄까?

반복적인 암시의 힘

"다 잘될 거야. 다 괜찮아질 거야."

유대인 부모는 기회가 생길 때마다 긍정적인 말을 아이들에게 들려준다. 특히 학교에 갈 때, 잠들기 전 반복적으로 들려줌으로써 긍정적 말의 씨앗이 자녀의 잠재의식 속에 뿌리 깊이 내리도록 한다.

어떤 말이든 반복해서 계속 들려주면 그것이 진실이든 아니든 상관없이 완전한 생각으로 굳어진다. 반복적인 암시는 강력한 힘을 지닌다. 어렸을 때부터 어떤 말을 듣고 자라는지에 따라 부와 성공의 잠재력도 달라진다.

긍정 암시로 기적을 체험한 할 엘로드는 계획적이고 적극적인 확신의 말을 활용하면 과거의 두려움과 불안과 한계를 극복할 수 있다고 말한다. 확신에 찬 말은 다음 단계의 삶으로 나아가는 데 필요한 미음가짐(생각, 믿음)을 설계하고 발전시킨다고 설명한다.

── 확신의 말은 생각하고 느끼는 방식을 변화시킨다. 성취하고자 하는 것들, 성취하기 위해 되고자 하는 존재와 내가 일치하도록 확신의 말을 적극적으로 활용한다면 잠재의식에 즉각적으로 영향을 미칠 수 있다.[68]

매일 아침 긍정의 씨앗 심기

유대인 엄마는 매일 아침 자녀가 집을 나서기 전 "모든 일이 다 잘될 거야!"라고 말해준다. 세상 밖으로 나가는 아이에게 밝은 기운을 불어 넣어주면 하루를 기분 좋게 살아낼 수 있는 힘이 된다. 내면에 긍정의 힘을 머금은 아이는 어려운 일을 만나도 이겨낼 수 있다. 아침에 엄마가 들려준 말 "모든 일이 다 잘될 거야!"를 떠올리며 밝은 생각을 하게 된다.

잠들기 전 긍정의 씨앗 심기

유대 경전 《토라》에는 "자기 전에 분을 품지 말라"는 가르침이 있다. 유대인 부모는 이 교훈을 마음에 새기고 반드시 지킨다. 부정적인 생각이나 감정을 품는 것은 부정의 씨앗을 잠재의식이라는 밭에 심는 것이다. 더구나 아이가 잠든 사이 씨앗은 잡초처럼 무성하게 자란다. 잠재의식에 부정적 생각의 틀이 형성되는 것이다. 어렸을 때 만들어진 부정적 생각 프로그램은 자녀를 가난과 불행으로 이끈다.

"괜찮아, 내일이면 괜찮아질 거야."

잠자기 전, 엄마가 들려주는 따뜻한 긍정의 말 한마디로 아이는 하루 동안 있었던 모든 부정적인 생각과 감정들을 흘려보낸다. 평화로운 마음으로 잠이 든다. 자는 동안 엄마가 심은 긍정의 씨앗이 아이의 마음 밭에서 건강하게 자란다. 잠들기 전 15분은 잠재의식에 맞닿는 시간으로, 자녀의 무의식에 긍정 마인드를 프로그래밍할 수 있는 황금 같은 시간이다.

자녀들이 살아갈 미래는 지금보다 훨씬 빠른 속도로 변할 것이다.

예측조차 한계가 있다. 인공지능, 환경오염, 질병 등 온갖 부정적인 이야기들이 들려오지만 '괜찮아. 다 잘될 거야'라고 부모가 먼저 긍정 마인드를 갖자. 그리고 자녀의 마음에 긍정적 말의 씨앗을 심자.

"괜찮아. 다 잘될 거야."

부모의 따뜻한 말 한마디가 자녀의 생각을 바꾸고, 행동을 바꾸고, 인생을 바꾼다.

부자처럼 생각하라

아무도 눈으로 보는 것에 만족하지 않는다.
그러나 누구나 마음으로 보는 것에 만족한다.
유대 격언

돈이 먼저다? vs. 생각이 먼저다?

영화 '시크릿'의 주인공이자 마인드 분야의 선구자 밥 프록터에 따르면, 생각이 먼저다. 부자들은 풍요로운 의식을 반복적으로 생각한다. 그 결과 돈이 찾아들게 되었다.[69]

영국 최고의 부자 멘토, 폴 메케나 역시 생각이 먼저라고 말한다. 그는 스스로 부자라고 생각하면 금전적으로 더욱 부유해질 거라며 "하루를 살아도 부자처럼 생각하라"고 조언한다.[70]

부자가 되려면 부자처럼 생각해야 한다. 부자생각의 핵심은 풍요 의식에 있다. 자신이 만든 마인드 법칙으로 전 세계 수천 만 명의 마음을 변화시킨 존 키호는 '풍요 의식'을 이렇게 정의했다.

— 어디서나 풍요와 기회를 엿볼 수 있고 그것을 기대하고 인정하는 것들이 조화를 이루고 진동하는 마음 상태.[71]

풍요 의식은 부자들의 공통점이다. 그들은 자신을 풍요로운 존재라고 생각한다. 그들에게 세상은 모든 생명체가 누릴 수 있는 풍요로움이 있는 곳이고, 자신의 삶에 풍요가 점점 더 넘쳐나리라고 기대한다.

유대인 부모는 풍요 의식을 심어준다. 자녀가 풍요로운 존재임을 알려준다. 풍요로운 생각은 부와 성공을 끌어당기는 힘이다. 풍요 마인드가 있는 사람은 부와 성공을 자연스럽게 삶에서 실현한다. 세상에는 돈과 운을 끌어당기는 자석 같은 사람이 있다.

풍요 의식을 소유한 사람은 은행 잔고의 숫자와 상관없이 풍요로움을 느낀다. 갖고 있는 것에 집중하지 않고, 자신이 풍요로운 존재라는 사실에 집중한다. '소유'보다는 '존재'에 집중하는 것이다.

유대인 부모는 풍요 마인드의 본질을 이해하고 교육한다. 유대인의 지혜는 신이 창조한 이 세상은 풍요로운 곳이고, 우주의 역할은 인간의 삶을 풍요롭게 하는 것이라고 가르친다. 또한 사람은 부자로 태어났다. 세상의 모든 풍요로움이 인간의 것이다. 이것이 우주의 이치이며 자연의 법칙이다. 유대인 부모의 지혜는 자연스럽게 자녀에게 흘러간다.

진리는 시대와 공간을 초월한다. 정체성을 찾아 방황하던 이십대의 나는, 프랑스 플럼빌리지에서 틱낫한 스님을 뵈었다. 그리고 다섯 아이의 엄마가 되어 다시 그를 만났다. 두 번째 만남은 그의 시를 통해서였다. '참된 유산'이라는 시에는 풍요 의식과 정체성에 관한 유대인의 지혜가 아름답게 표현되어 있다. 이보다 더 잘 표현할 수 있을까. 시의 힘, 진리의 힘이다.

── 참된 유산

우주는 진귀한 보석으로 가득 차 있다.

이 아침 한 줌 보석을
너에게 주고 싶구나.

네가 살아 있는 순간마다
하늘과 땅, 물과 구름 머금고
그 틈에서 반짝이는 보석들이다.

기적이 이루어지려면
부드럽게 쉬는 네 숨결이 필요하다.
그때 문득 너는 노래하는 새들과
찬미하는 소나무들,
피어나는 꽃망울 ,

파란 하늘 흰 구름,

사랑하는 이의 그윽한 눈길과 미소를 듣고 보리라.

지상에서 가장 부유한 자면서

살기 위해 이리저리 구걸해온 너,

거지 아들 노릇 이제 그만두고 돌아와

유산을 물려받아라.

우리 마땅히 자신의 행복을 즐기고

그것을 모두에게 나눠주어야 한다.

지금 바로 이 순간을 소중히 여겨라.

근심의 물줄기는 놓아버리고

네 가슴 가득 삶을 껴안아라.

유대인 엄마는 나의 멘토

갑작스러운 경제적 어려움을 겪었던 나는, 가난의 고통 속에서 부자
들의 성공 법칙을 공부하기 시작했다. 부자들의 생각, 말, 행동을 그

대로 따라 하기로 결심한 것이다. 하지만 여러 성공 법칙 중 '풍요로운 생각하기'는 도저히 따라 할 수 없었다. 현실은 가난한데 생각을 부유하게라니! 이것이 가능하단 말인가. 마음의 저항과 절망만 더 커져갔다.

> 세상의 모든 고통과 아픔을 가난과 비교한다면,
> 가난은 훨씬 고통스럽고 아프다
> 탈무드

희망의 빛이라고는 찾아볼 수 없었다. 사방이 꽉 막힌 감옥 같은 경제적 고통 속에서 과연 벗어날 수 있을까. 부정적 생각으로 잠이 들고, 아침이 오면 현실을 마주하기 싫어 눈 뜨기조차 괴로운 날들의 연속이었다. 그때 수많은 책 속에서 만난 유대인 엄마는 언제나 나를 지지해주는 정신적 멘토였다. 자녀 문제나 경제 문제로 고민에 빠질 때마다 스스로 질문을 했다.

'유대인 엄마라면 어떻게 할까?'

힘들고 지칠 때, 현실과 이상의 '차이'가 너무 클 때, 그 차이가 너무 커서 고통스러울 때, 유대인 코칭법은 그 '차이'에 그냥 머무르라고 한다. 이상에 가까워지기 위해서 애쓰지 말라고 코칭한다. 어떤 행동도 하지 말고 기다리라고 조언한다.[72] 내면의 무한한 힘이 문제에 대한 답을 가지고 있으니, 눈을 감고 조용히 마음의 소리에 집중하라고 한다. 가만히 눈을 감고 내 마음을 들여다본다.

'당신은 풍요로운 삶을 살도록 창조되었어요. 당신은 풍요 그 자체랍니다. 지금 이 순간 마음에서 깊은 차원의 풍요를 느껴보세요. 마음에서 먼저 풍요로움을 경험한다면 마침내 현실에서도 풍요로운 삶을 만끽하게 될 거예요. 당신의 영혼을 살리는 마음의 힘을 믿어요.

우주의 풍요로움이 자연스럽게 당신의 마음과 삶으로 흘러들어오도록 해봐요. 당신은 삶이라는 무대 위에서 멋지게 지휘하는 지휘자, 아름답게 연주하는 연주자가 되어 있을 거예요. 엄마가 먼저 풍요로운 마음을 가져야 아이들에게 흘려보낼 수 있어요. 이것이 부자 마인드입니다.'

세상에서 가장 먼 거리는 '머리에서 가슴까지'라고 했던가. 유대인의 가르침은 자연스럽게 머리에서 가슴으로 내려온다. 어느새 가장 짧은 거리가 된다. 내가 유대인의 지혜를 좋아하는 이유이기도 하다. 영혼의 기쁨이 있는 깨달음이다.

지금 당장 물질적 부가 현실로 나타나게 만들 수 없지만, 자신의 생각은 당장 선택할 수 있다. 우리는 생각의 주인이다. 지금 이 순간 풍요로운 생각을 선택할 수 있다. 생각은 언젠가 현실로 나타나게 되어 있다. 이것은 자연의 법칙이다. 의식 발현의 법칙!

Thoughts Become Things(생각은 현실이 된다).

즉, 풍요로운 생각이 풍요로운 현실을 만든다.

진정한 부

마음의 풍요로움은 백만장자들의 공통점이다. 부자 마인드의 핵심이다. 일본 백만장자 혼다 켄이 이십 대에 만난 유대인 대부호 게라와 나눈 아래의 대화를 보면, 그 역시 멘토를 통해 돈과 풍요 의식에 대해 배웠다는 사실을 알 수 있다.

게라: 돈에 대해 배우면서 나는 대단한 사실을 발견했지. 바로 돈을 자석처럼 끌어당기는 사람이 있다는 사실이었네. 내가 발견한 사실을 선생님에게 말씀드렸지. 그때 선생님이 가르쳐주신 것이 바로 백만장자 정신이었네.

혼다 켄: 백만장자 정신이란 무엇입니까?

게라: 한마디로 말하면 '풍요로운 의식'이네. 그런 정신으로 생활하면 풍요로움을 끌어올 수 있다네. 구체적으로 이 세상에는 풍요로움이 넘쳐흐르고 있으며 사람은 점점 더 풍요로워질 수 있다고 생각한다네. 실제로 내가 만나본 성공한 사람은 이런 백만장자 정신의 본질을 이해하고 난 뒤부터 빠르게 성공했다고 입을 모았다네. 그럴 정도로 중요한 것이지.[73]

유대인 게라는 풍요로운 생각이 풍요로운 현실을 끌어온다고 말한다. 진짜 그럴까. 세계의 대부호들에 따르면 답은 Yes!이다. 그들은 진정한 부를 마음에서 찾는다.

— 부는 돈이 아니다. 진정한 부는 마음의 여유로움이며, 이것은 눈에 보이는 사물이 아니다.[74]

세계적 대부호들이 생각하는 진정한 부는 마음의 여유로움, 즉 풍요로운 마음이다. 부자와 가난한 사람의 차이는 은행 잔고에 달려 있지 않다. 마음 상태가 차이를 만든다. 부자와 가난한 자로 나누기보다, 부유한 마음을 가진 사람과 가난한 마음을 가진 사람으로 구분하는 것이 더 명료해 보인다.

부자가 되고 싶다면 생각부터 바꾸면 된다. 성공학의 대가 나폴레온 힐은 "모든 부유함은 정신에서 창조된다"고 말한다.[75] '풍요로움'은 자동차, 집, 은행 잔고 같은 '소유'에 의해 결정되지 않는다. 풍요로움은 언제나 생각에서 시작된다.

긍정적 생각은 긍정적인 것을 끌어당긴다. 우주의 법칙이다. 풍요 마인드가 부를 끌어당긴다. 풍요 의식이 있는 부자의 삶에는 부가 머무른다. 부자들은 풍요로운 생각을 반복적으로 한다. 반복된 생각은 어느 순간 믿음이 된다. 그들은 현실적 상황에 상관없이 언제나 자신들은 풍요롭고, 점점 더 풍요로워지리라 확신한다.

풍요 의식과 반대되는 결핍 의식은 '없음' 혹은 '빈곤'의 마음 상태다. 돈이 많아도 인색한 사람들이 있다. 그들은 늘 부족하다고 생각하고, 미래에 대한 두려움 때문에 더 많이 가져야 한다고 생각한다. 그들은 나누지 못하고, 누리지 못한다. 결핍 의식은 물질적 부를 밀어내는 에너지다. 부정적 생각은 부정적인 것을 끌어당긴다.

진정한 가난

생각이 가난한 사람들은 돈이 아무리 많아도 미래에 대한 두려움 때문에 더 많이 가지려고 애쓴다. 사람들을 믿지 못해 돈을 맡기지도 못한다. 돈에 대한 집착은 더 강해지고 마음은 더 가난해진다. 《달무드》에는 이에 관한 훌륭한 이야기가 등장한다.[76]

—— 하루는 랍비에게 두 사람이 상담을 하러 왔다. 한 사람은 마을에서 제일 부자였고, 한 사람은 가난했다. 두 사람은 대기실에서 기다리고 있었다. 부자가 좀 일찍 도착해서 먼저 랍비의 방으로 들어갔고, 한 시간 후에 나왔다. 그 다음에 가난한 자가 들어갔다.

랍비와의 면담이 5분으로 끝나자, 가난한 사람이 항의했다.

"랍비님! 부자와의 상담은 한 시간이나 걸렸습니다. 그런데 저는 5분밖에 걸리지 않았습니다. 이게 공평합니까?"

그러자 랍비는 즉각 대답했다.

"진정하게. 자네는 자신의 가난함을 바로 알았기 때문일세. 그러나 부자는 자신이 마음이 가난하다는 것을 알기까지 한 시간이나 걸렸다네."

이야기 속의 부자는 진정 가난한 사람이다. 마음이 가난하기 때문이다. 부자는 보이지 않는 것에는 관심이 없었다. 보이는 것에 집착하면, 진짜 중요한 것을 보지 못한다. 이는 유대인의 지혜에 합한 진정한 부자가 아니다.

《탈무드》는 진정한 부자는 마음이 풍요로운 사람이라고 말한다. 풍요로운 마음을 갖는 것이야말로 부와 성공이라는 옷의 첫 단추를 제대로 채우는 것이다. 그럼 유대인 부모는 어떻게 풍요로운 생각을 키워줄까?

유대인 부모의 풍요 의식 교육

먼저 유대인 부모는 '가난'을 가르친다. 유대 전통이 말하는 가난의 고통을 알려준다. 가난이 얼마나 아프고 고통스러운지 알아야 부의 소중함을 진정으로 알 수 있다. 이때 공포심을 심어주지 않도록 조심한다. 두려움은 두려운 상황을 현실로 끌어오기 때문이다. 다만 가난은 신의 뜻이 아니며, 가난은 힘든 것이라는 사실을 지식적으로 알도록 교육한다.

"탈무드에 '세상의 모든 고통과 아픔을 가난과 비교한다면, 가난은 훨씬 고통스럽고 아프다'라는 말이 있단다. 가난이 세상의 고통 중 제일 고통스럽고 아프다는 말이지. 하지만 신은 우리가 가난한 삶을 살기를 결코 원치 않으신단다."

그런 후에는 정체성 교육이 시작된다. 유대인은 자녀가 '부자로 태어났다는 것'과 '마음이 부자면 아이도 부자'라는 지혜를 가르친다.

"너는 이미 부자란다. 태어날 때부터 부자였지. 풍요로운 존재 그 자체란다. 풍요로운 생각을 지키는 한 너는 부자다. 하지만 마음속 풍요로움을 잃어버리는 순간 가난이 시작된다. 가난은 결코 신의 뜻이 아니란다."

또한 유대인은 부자 생각습관을 길러준다. 일상 속에서 풍요로움을 '자주 그리고 많이' 인식하도록 교육한다. 이것이 유대인이 풍요로운 생각을 습관으로 만드는 비결이다. 값비싼 옷을 입고, 최고급 식사를 하고, 좋은 집에서 사는 것만이 풍요로운 경험이 아니다.

이스라엘에서 공부한 지인에게 이런 이야기를 들은 적이 있다. 유대인 엄마와 딸의 실제 대화다. 어렸을 때부터 피아노를 배운 한국인 친구가 멋지게 연주하는 모습을 본 유대인 아이가 엄마에게 달려가 말했다.

"엄마, 저도 피아노 배우고 싶어요. 제 친구는 피아노를 엄청 잘

쳐요!"

"친구가 피아노를 잘 연주하나 보구나. 근데 너는 엄마 심부름을 아주 잘하지~."

"맞아요! 저는 심부름을 잘해요."

그 순간 아이는 풍요로움을 경험한다. 만약 엄마가 "돈이 없어서 안 돼"라고 반응했다면 아이는 그 순간 결핍 의식을 경험했을 것이다. 일상에서 풍요로움을 '자주 그리고 많이' 인식하는 것. 이것이 부자들의 생각습관이다.

부자가 되려면 부자처럼 생각하라. 이는 예외 없는 부의 법칙이다. 일상의 풍요로움에 집중하면 자연스럽게 부자처럼 생각하게 된다. 틱낫한 스님의 시처럼 삶의 모든 순간이 선물이고, 풍요로움이다. 그러니 이제 '자주 그리고 많이' 인식하면 된다. 부자 생각이 부자를 만든다.

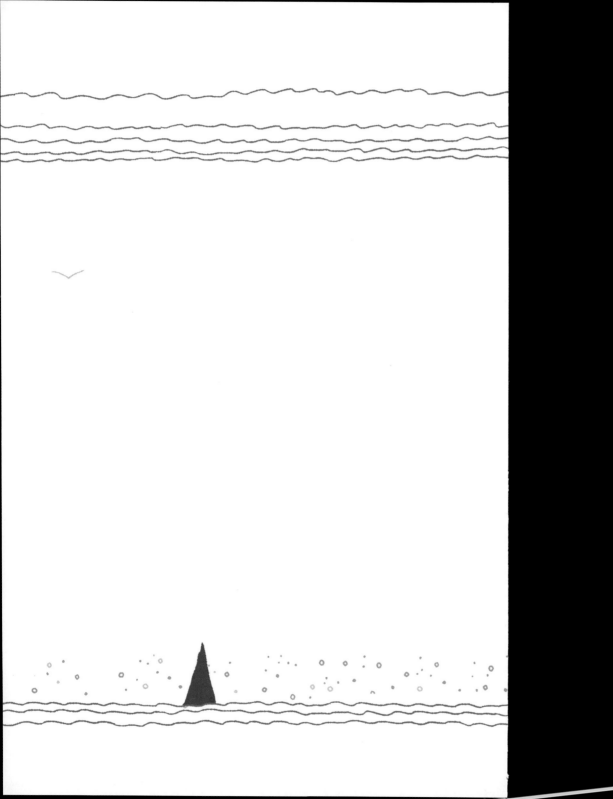

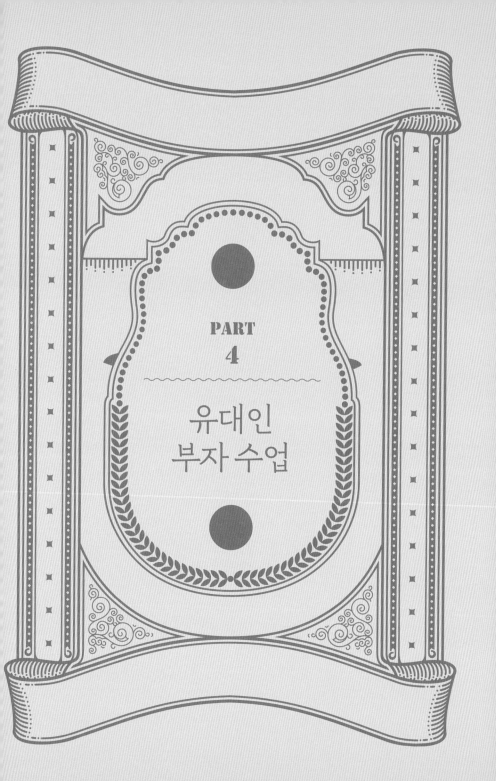

PART
4

유대인
부자 수업

그들에게 자유는 생명처럼 소중하다.
유대인에게 자유는 주인의 권리이다.
절대로 빼앗겨서는 안 된다.
아니면 다시 비참한 노예 생활로 돌아가야 한다.
당신은 돈의 주인인가, 돈의 노예인가?

도전하며 벌라

———

살아 있는 것, 그것은 숨 쉬는 것이 아니다.
활동하는 것이다.
루소

"돈을 번다. 지킨다. 불린다."

바빌론 부자들의 '돈 관리 3단계'다. 고대 메소포타미아에서 가장 부유한 도시였던 바빌론의 부자들은 서민들에게 부의 지혜를 가르쳤다. 시간이 지날수록 부자는 점점 더 많아지고, 바빌론은 점점 더 부유해졌다.

고대부터 현대까지 부자 되기 1단계는 변함없다. '돈 벌기'다. 돈을 많이 벌수록 빨리 부자가 된다. 어린아이도 아는 단순하고 명료한 사실이다. 문제는 '어떻게 돈을 많이 벌 수 있는가'이다.

> **좋은 수입보다 더 좋은 약은 없다.**
>
> 탈무드

"세상은 행동하는 자의 것"이라는 말처럼, '돈은 행동하는 자의 것'이다. 세상을 바꿀 멋진 아이디어가 있더라도 실행하지 않으면 망상에 불과하고, 큰돈을 벌 수 있는 확실한 기회가 있더라도 당장 행동하지 않으면 아무 의미가 없다. 행동이 곧 최고의 지혜이자, 유대인이 세계에서 가장 부유한 민족이 된 결정적 이유다. 그들은 행동의 비밀을 안다. 그래서 정체성마저도 행함에서 찾는다.

> 유대인은 오직 행함으로 유대인답게 된다.
>
> 마빈 토케이어

유대 경전《탈무드》는 현명한 사고법에 관한 책이 아니다. 오히려 신의 뜻을 따르는 법을 알려주는 행동 지침서에 가깝다. 유대인에게 행동은 신을 향한 사랑과 믿음을 보여주는 길이며, 신에게 축복 받는 방법인 것이다.

> 행동이 항상 행복을 가져오는 건 아니다. 그러나 행동 없이는 행복도 없다.
>
> 벤자민 디스렐리

유대인은 눈과 마음은 하늘을 향해 있고, 발은 땅을 밟고 빠르게 움직이는 민족이다. 그들의 깊이 있는 지혜와 천재성은 오랫동안 전 세계의 주목을 받아왔다. 반면에 그들의 행동력은 상대적으로 그늘에 가려져 있었다. 하지만 세계적 부와 성공을 이룬 결정타는 바로 유대인의 과감한 행동과 도전이었다.

앞장에서는 탁월한 부와 성공의 비결로 유대인의 남다른 생각에 대해 다루었다. 하지만 아무리 창조적인 생각이라도 행동으로 옮기는 데 실패했다면 유대인이 이룬 눈부신 결과는 볼 수 없었을 것이다. 즉, 생각과 행동이 지금 즉시 '하나'가 되어야 한다.

— 바라던 것이 나타나게 하는 것은 생각이다. 그러나 그것을 획득하게 하는 것은 행동이다. 분명한 것은 당신이 취할 행동이 어떤 것이든, 지금 당장 해야 한다는 것이다.[77]

원하는 바를 상상하며 그저 가만히 결과를 기다리기만 한다면, 결코 그것을 얻지 못한다. 돈을 벌고 싶다면 지금 바로 행동하라. 이것이 유대인의 돈 버는 지혜다.

유대인 부부가 만든 세계적인 고급 아이스크림 하겐다즈Haagen-Dazs가 세상에 나오게 된 이야기를 살펴보자.

— 유난히도 더운 어느 여름날, 캔들은 친구들과 함께 한 가게에 들어 갔다. 가게 안에는 아이스크림을 사려는 사람들로 북적댔다. 이미 아이스크림을 주문해서 먹고 있는 아이들도 있었다. 그 아이들의 옷은 낡고 허름했다.

캔들은 가게 문을 열고 들어오는, 부유해 보이는 부부에게 시선을 돌렸다. 부부는 아이스크림 두 개를 주문했다. 그러다 아이스크림을 먹고 있는 가난한 아이들을 발견한 후 부인의 표정이 순식간에 변했다. 그녀는 경멸하는 눈빛으로 아이들을 쳐다보더니 도망치듯 나가버렸다.

가게 안에 있던 사람들은 부인의 노골적인 행동에 화를 냈다.

"아니, 돈만 많으면 다야? 가난한 아이들은 아이스크림도 못 먹어? 그럼 부자들만을 위한 아이스크림을 자기가 만들라지!"

그 순간, 번뜩이는 아이디어가 캔들의 뇌리를 스쳤다. 고급 아이스크림의 대명사인 하겐다즈가 상상의 세계에서 창조되는 순간이었다.

"당시 그 부자는 가난한 아이와 같은 아이스크림 먹기를 거부했지. 정말 회가 나는 행동이었어. 하지만 사람들은 그녀의 비열함에만 주목했을 뿐 그 속에 있던 부를 창출할 기회는 보지 못했어.[78]

세계 인구의 0.2퍼센트에 불과한 유대인들이 전 세계의 금융·비즈니스·경제를 움직이는 비결은 그들의 행동력에 있다. 상상의 세계에 머물러 있는 생각은 결코 세상을 바꿀 수 없다. 세상은 능동적으로 도전하고, 적극적으로 행동하는 자에게 대가를 지불한다. 도전하고, 행동하는 사람이 돈 버는 지혜를 가진 사람이다.

유대인은 일단 시작하고, 몸으로 부딪치며, 지혜를 쌓아간다. 그들은 온몸으로 깨닫는 체험적 지혜에 최고의 가치를 둔다. 몸으로 배우는 교훈은 보이지 않는 마음(무의식)에 새겨진다. 지혜가 무의식의 차원이 되었을 때 강력한 힘을 발휘한다.

워런 버핏의 아버지는 아들이 어렸을 때부터 돈 버는 경험을 하도록 교육했다. 버핏은 할아버지 가게에서 껌이나 콜라를 싸게 사서 사람들에게 팔기도 하고, 신문 배달을 하면서 돈을 벌었다. 그리고 어린 나이에 직접 주식투자를 시작하며, 경험을 통해 지혜를 쌓아갔다.

── 나는 열한 살에 처음 주식투자를 시작했다. 그때까지는 인생을 낭비하고 있었던 셈이다.[79]

유대인보다 더 유대인처럼 부자교육을 시킨 아버지, 하워드 버핏은 아들에게 20달러가 든 통장을 건넨다. 여섯 살이 된 아들을 위한 생일 축하 선물이다. 5년 뒤, 열한 살이 된 버핏은 아버지가 준 종잣돈으로 주식세계에 첫발을 내딛는다. 세계 최고의 투자가가 탄생하는 순간이다.

> 가르치고자 배우는 사람은 배움과 가르침의 방법을 얻는다.
>
> 그러나 행동하고자 배우는 사람은, 배움과 가르침,

버핏은 수많은 도전과 실패를 반복하며 투자가로서의 감각을 키웠다. 현장에서 몸으로 익힌 지혜는 무의식에 새겨진다. 그는 그렇게 자신만의 투자 철학과 원칙을 세워갔다. 어렸을 때부터 쌓은 경험들은 그가 성공적인 투자가이자 사업가가 될 수 있었던 토대가 되었다.

80년 전인 1941년, 열한 살 어린 아들이 주식투자에 도전하도록 동기부여를 하고, 환경을 만들어준 아버지의 지혜에 감탄할 뿐이다.

행동이란 무엇인가

빈자와 부자의 결정적 차이는 행동력에 있다. 유대인은 일단 행동하고 몸으로 부딪치며 새로운 가능성을 열어가는 경험주의자들이다. 한 나라의 수상 역시 경험의 중요성을 국민들에게 전한다. 이스라엘의 초대 수상 벤구리온은 "모든 전문가는 이미 일어난 일에 대한 전문가이다. 앞으로 일어날 일에 대한 전문가는 없다. 미래에 대한 전문가가 되려면 단순한 비전이 반드시 실제 경험으로 바뀌어야 한다"고 말했다.[80]

유대인에게 행동은 단순히 몸을 움직여 어떤 일을 하는 것이 아니다. 늘 그렇듯 그들에게는 사전적 의미 너머의 더 큰 의미가 있다. 랍비 닐턴 본더는 그 답을 유대 전통의 지혜에서 찾는다. 다음은 유대 경전《토라》에 나오는 '행동'에 관한 이야기다.

오랜 세월 유대 민족은 이집트에서 노예의 신분으로 살았다. 어느 날 신이 약속한 땅으로 가기 위해 그들은 이집트를 탈출한다. 이집트 왕 파라오의 계속되는 방해 작전을 뚫고 겨우 빠져나왔다. 그런데 조금 가다 보니 홍해가 가로막고 있는 게 아닌가. 뒤에는 이집트 군사들이 쫓아오는 긴박한 상황이다. 그때 그들은 고백한다.

"여호와의 모든 말씀을 우리가 행하고 들으리다."

들음이 먼저일까, 행함이 먼저일까. 상식을 깨고 행함이 먼저였다. 랍비 닐턴 본더는 유대 전승을 재미있게 풀어낸다. "헤엄을 못 치던 나손Nachshon이라는 이름의 남자가 먼저 뛰어내렸고 바다는 곧 갈라졌다. 바다를 갈라지게 한 것은 그의 행동이었다."[81]

참고로《탈무드》에는 초자연적인 이야기들이 많이 나온다. 교훈을 강력하게 전해주기 위해서나. 전문가들은《탈무드》를 읽을 때 사건의 사실 여부에 머무르면 안 된다고 조언한다. 이야기를 읽은 후 스스로의 느낌과 깨달음이 중요하다.

홍해 앞에 멈춰 섰던 유대 민족은 숨겨진 차원을 생생하게 눈으로 보았다. 그리고 신이 약속한 땅을 향해 갈라진 바다를 건넜다. 나손의 목숨 건 행동 덕분이었다. 이처럼 유대인들에게 행동은 보이지 않는 신을 경험하는 길이고, 보이지 않는 세계와 닿는 통로이다.

행동으로 닿을 수 있는 보이지 않는 세계는 모든 것이 가능한 곳이다. 홍해가 갈라지는 기적부터 꼬마 워런 버핏이 세계 최고의 부자가 된 기적까지 무한한 가능성이 모두에게 열려 있는 곳이다.

> 지혜보다 행동이 넘치는 사람에게, 지혜는 지속된다.
> 그러나 행동보다 지혜가 넘치는 사람에게, 지혜는 지속되지 않는다.
>
> 탈무드

유대인은 보이지 않는 것을 사랑하는 민족이다. 그들에게 삶이란, 보이지 않는 영혼의 성장 과정이다. 그들에게 사명이란, 보이지 않는 신이 만든 세상을 더 좋게 만드는 일이다. 그들에게 보이지 않는 세계는 무한한 가능성의 차원이다.

무한한 가능성의 차원은 그들에게 추상적이고 공상적인 개념이 아니다. 믿음으로 볼 수 있고, 행동으로 닿을 수 있는 세계이다. 누구나 경험할 수 있는 세상이다.

> 행동의 빛은 보이지 않는 세상을 훨씬 더 멀리까지 비춘다.[82]
>
> 롤프 도벨리

경험을 통해 지혜를 창조하는 사람들

높은 차원에 속한 사람은 어떤 상황에서도 품위를 잃지 않고, 누구도 해결하지 못한 세상 문제에 대한 답을 제시한다. 랍비 닐턴 본더는 그들이야말로 무에서 지혜를 창조하는 사람들이라고 말한다.[83]

존폐의 위기에 처한 대기업을 다시 일으킨 오마하의 현인, 워런 버핏 같은 사람 말이다. 그는 기업의 위기를, 한 번 더 시작하는 기회로 만들었다. 그때의 상황을 두고 전문가들은 희망을 잃은 사람들을 설득해서 다시 일어나도록 할 수 있는 사람은 버핏밖에 없었다고 회상한다. 그는 불가능에서 가능을 창조했다.

워런 버핏처럼 누구나 무한한 가능성의 영역에 속한 사람이 될 수 있다. 그 길은 하나로 통한다. 기도도 아니고 토라 공부도 아니다. 바로 행동이다.[84] 도전이다!

> **어떤 일을 해내는 가장 효과적인 방법은 그 일을 하는 것이다.**
>
> 아멜리아 에어하트

성공의 비밀 양념, 후츠파 정신

히브리어 '후츠파'는 뻔뻔함, 당돌함, 도전적인 생각이라는 뜻이다. 후츠파 정신은 유대인의 독특한 민족성이다. 후츠파 정신은 그들의 눈부신 성장과 성공의 원동력이었다. 텔아비브대학교의 이사장, 지오라 야론은 후츠파 정신을 남에게 알려주고 싶지 않은 그들만의 '비밀 양념'이라고 말한다. 유대인이 말하는 그들의 성공 비밀, 후츠파란 무엇일까?

유대인보다 더 후츠파 전문가인 한국인이 있다. 그는 대한민국의 미래가 창조경제에 달려 있다며 유대인의 도전 정신, 후츠파에서 돌파구를 찾는다.《후츠파로 일어서라》의 저자이자, 유대인이 쓴《21세기 이스라엘 경제성장의 비밀: 창업국가》를 세계 최초로 외국어로 번역한 윤종록 교수다.

"후츠파란 무엇입니까?"

윤종록 교수는 이스라엘 명사들을 만날 때마다 같은 질문을 한다. 후츠파에 대한 그의 열정이 느껴진다. 다음은 그의 저서《이매지노베이션》에 나오는 유대인들이 직접 말하는 후츠파의 정의다.

— 후츠파의 진정한 정의는 '한계를 거부하는 것'이다.

조 호월드, ENOS 컨설팅 대표

— 후츠파는 무엇이든지 할 수 있다는 자신감이다.

조하르 지사펠, 라드그룹 회장

— 후츠파는 도전이다. 현재에 도전하는 것이다. 국가와 세계를 바꿀 좋은 아이디어가 있다면 과감히 도전해야 한다. 이것이 후츠파다.

댄 세노르 · 사울 싱어 《창업국가》의 저자

— 후츠파는 대담성이다. 능력이 못 미치는 일을 할 때 대담해지고, 한계에 도전하고, 기회를 잡기 위해서는 긍정적인 마인드를 가져야 한다.

헤츠키 아리엘리, 글로벌 엑설런스 회장

— 후츠파는 '안 된다'는 말에 굴복하지 않는 것을 의미한다. 처음에 '노'라는 대답을 받더라도 어떻게 하면 '예스'라는 답을 얻어낼 수 있는지 궁리한다.

마이어 브랜드, 이스라엘 구글 CEO

— 후츠파의 궁극적인 정의는 딱히 영양가가 없거나 현재 주목받기 어려운 일을 하면서도 기꺼이 위험을 감수하고 미지의 세계에 뛰어드는 용기와 모든 것이 잘 되길 기대하는 긍정적인 태도를 의미한다.

지오라 야론, 이타마르 CEO

현대 유대인 명사들이 정의한 '한계를 부정하고 무엇이든 할 수 있다는 믿음으로 도전'하는 후츠파 정신. 그리고 행동으로만 무한한 가능

성의 세계에 가까워질 수 있다고 말하는 전통적인 유대인의 지혜. 시
간과 공간은 다르지만 모두 같은 말을 하고 있다.

"도전하라! 경험하라! 한계가 없는 세상을 만나라!"

경험이 돈이다

무한한 가능성의 세계에 속한 사람들. 늘 품위 있고, 어려운 문제를
해결하며, 지혜를 창조하는 사람들의 수입은 그렇지 않은 사람과 비
교가 안 된다. 1퍼센트의 사람들이 세계 99퍼센트의 부를 지배한다.
어느 분야에서든지 경험이 많은 사람일수록 돈을 많이 번다. 그들의
풍부한 경험은 탁월한 능력이 되고 돈 버는 지혜로 연결된다.

'스트리트 스마트'라는 말이 있다. 거리에서 배워 현명해진 사람을
수식할 때 사용된다. 즉, 현장에서 쌓은 온갖 경험으로 지혜를 갖게
된 사람들이다. 인생의 거센 파도를 몸으로 겪어낸 사람들이다. 미국
명문대 MBA 출신 사업가보다 일본 최고 부자 사이토 히토리같이 세
상 속에서 수많은 경험을 통해 지혜를 얻은 사람이 스트리트 스마트
한 사람이다. 사이토 히토리는 어린 나이에 부모님의 반대를 무릅쓰
고 학교를 거부했다. 그 대신 세상으로 나아가 직접 경험하며 배우기
로 결단한다. 그의 최종학력은 중졸이다.

'스트리트 스마트'한 사람이 또 있다. 투자의 천재로 불리는 그는

세상에서 직접 배우는 경험을 가장 중요하게 생각하는 사람이다. 집필한 책의 제목이 《스트리트 스마트》일 정도다. 두 번의 세계 일주로 급변하는 세상을 경험한 그는, 여행 현장에서 겪은 경험을 바탕으로 투자를 결정한다. 실제로 그는 북한을 두 번 방문한 경험으로 5년 내 남북통일을 예측하며, 통일 관련 주식에 투자하고 있다.

바로 월 스트리트의 전설, 짐 로저스의 이야기다. 그는 유대인 투자가 조지 소로스와 함께 퀀텀펀드를 설립하여 이름 그대로 퀀텀 수익률을 달성했다. 약 10년간 거둔 수익률이 4,200퍼센트에 이른다.

> **가장 좋은 배움이란 거리에서 세상을 보는 것입니다.**
>
> 짐 로저스

그는 거리에서 실제로 무슨 일이 벌어지고 있는지 밑바닥부터 배우라며 경험을 통해 엄청난 배움을 얻을 수 있다고 말한다.[85] 두 딸에게도 직접 쓴 편지에 남과 다른 길을 가면서 다양한 경험을 하라고 부탁한다. 세계 최고의 투자가 아빠가 사랑하는 두 딸에게 전해주는 경험에 대한 조언을 들어보자.

— …명문대를 들어가고 일자리를 얻고 나이가 차서 결혼하는 등 남들 하는 대로만 하면 인생 경험을 제대로 하지 못한다. 늘 가던 길에서 많이 벗어나면 벗어날수록 좋다. 익숙한 길로만 가면 인생의 다양

한 측면을 경험하지 못하고 더 좋은 기회도 많이 놓치게 된다.[86]

내면의 힘은 경험을 통해서 길러진다. 체험으로 얻은 교훈의 힘은 가장 강력하다. 몸으로 익히고 무의식에 새긴다. 분별력, 판단력, 통찰력 즉 부자의 능력을 한 번에 키울 수 있다. 돈 버는 지혜를 얻는 것이다.

태양을 향해 쏴라

유대인은 경험과 도전이 자녀를 더 높은 차원으로 성장시킨다는 사실을 안다. 늘 기품 있고, 세상이 해결하지 못하는 문제를 해결하며, 새로운 것을 창조하고, 세상을 바꾸는 인물로 성장시키는 것이 자녀교육의 목표다. 태양을 향해 쏘는 화살이 가장 높이 올라간다. 높은 의식의 사람으로 키우면 돈은 자연스럽게 흘러들어온다. 돈을 끌어당기는 자석처럼 말이다.

무한한 가능성에 속한 사람은 물질세계를 지배하는 힘이 있다. 그는 돈의 주인이다. 그럼 유대인은 어떻게 행동하는 아이로 키울까? 부모의 잔소리에 의해서가 아닌 아이 스스로 즐겁고 행복하게 행동하도록 이끄는 비법은 도대체 무엇일까?

'순수 잠재력의 법칙'으로 행동력 길러주기

"너는 무한한 가능성의 존재란다."

유대인은 자녀에게 '모든 것이 가능하다'는 믿음을 갖게 한다. 믿음을 가진 아이는 세상을 바라보는 관점이 다르다. 그 아이에게 세상은 한계가 없는 곳이다. 거기서부터 도전은 시작된다. 무엇이든 가능하다는 믿음이 없으면 부모님이나 선생님 등 권위 있는 사람들의 말만 따르는 삶을 살게 된다.

아이의 영혼은 만능 키와 같다. 영혼이 잘 성장하면 부와 성공은 저절로 따라온다. 이것이 유대인이 영성을 생명처럼 여기는 이유다.

"넌 뭐든지 할 수 있단다."

하버드대학교 출신 의사이자 세계적인 철학자 아빠, 디팩 초프라는 순수 잠재력의 법칙으로 자녀의 영성을 깨우라고 조언한다. 세상은 순수 잠재력의 법칙으로 돌아간다. 즉, 세상에는 모든 가능성이 열려 있다.[87]

그에 의하면 삶의 매순간이 무한한 가능성에 닿을 수 있는 길이다. 순수 잠재력의 법칙을 아는 아이는 어떤 상황에서도 새로운 가능성을 발견하고 도전한다. 바로 후츠파 정신이다.

유대인 부모는 자녀에게 말한다. 그리고 자녀의 마음에 믿음의 씨앗을 심는다.

"너는 뭐든지 할 수 있다. 일단 다 해보렴!"

"네 안에 작은 세상에 들어 있어. 네 안에 답이 있단다."

"위험? 문제없어. 해결하면 되지 뭐."

"실수를 축하해"

당신에게 실수라는 단어는 어떤 느낌으로 다가오는가?

부정적인가? vs. 긍정적인가?

피하는가? vs. 환영하는가?

우리 아이는 실수에 대해 어떻게 생각할까?

실수라는 단어를 어떻게 정의하느냐에 따라 인생이 달라질 수 있다.

유대인의 경우가 그렇다. 유대인은 실수를 통해 교육한다. 그들에게

실수는 성공하기 위해 반드시 거쳐야 하는 과정이다. 실수가 주는 유

익은 세 가지다.

1. 실수를 통해서 가장 빨리 배운다.
2. 문제를 해결해 가는 과정에서 창조력이 개발된다.
3. 실수를 극복하고 다시 도전해서 얻은 성공에서 최고의 성취감
   을 느낀다.

실수는 가장 빨리 배울 수 있는 길이며, 최고의 성취감을 경험하는 방

법이다. 유대인 부모가 걸음마를 배우는 아이의 손을 잡아주지 않고,

넘어져도 멀리서 "할 수 있어! 다시 해봐! 잘했어!"라며 박수쳐주는

이유이다. 그들은 실수와 도전으로부터 배울 권리를 아이에게서 빼앗

지 않는다.

  실수에 대한 긍정적 정의를 가진 유대인 엄마는 자녀의 실수에 긍정적 태도를 보일 수밖에 없다. 아이가 실수했을 때, 오히려 '축하한다'는 뜻의 "마잘 토브"를 외치며 격려해준다. 부모의 긍정을 받은 아이의 마음에는 두려움이 없다.

── 유대인 가정에서는 아이가 실수했을 때 '마잘 토브(축하해)!'라는 말과 함께 손뼉을 쳐주는 모습을 볼 수 있다. 자신의 실수에 마음이 불안한 아이를 배려하는 것이다. 이렇게 어려서부터 '실수해도 괜찮아'라는 지지를 안정적으로 받은 아이는 실패를 두려워하지 않는다.[88]

아이의 마음은 스펀지와 같다. 엄마가 긍정을 보내면 긍정을, 부정을 보내면 부정을 온전히 흡수해 버린다. 아이의 실수를 불안함이 아닌 진심으로 축하할 수 있도록 실수에 대한 당신만의 정의를 새롭게 세우자.

세계 최고의 실수

워런 버핏은 '가치투자의 귀재'라고 불린다. 그의 투자방식은 세계적으로 유명하다. 그는 기업의 미래 가치를 예측하여 저평가된 주식을 매수한다. 낮은 가격에 사들인 주식을 장기 보유하는 전략으로 수익률을 높인다. 주식을 얼마 동안 보유하느냐가 수익률에 큰 영향을 미친다. 그에게 높은 수익을 안겨 주며, 모든 주식 투자가에게 바람직한 방향을 제시하는 가치투자는 열한 살 버핏의 실수에서 시작되었다.

열한 살 버핏은 석유회사, 시티 서비스City Services의 주식 세 주를 매수한다. 아버지가 여섯 살 때 생일 선물로 주신 20달러와 자신의 사업 수익금을 합쳐 총 38달러를 투자한다. 투자한 지 얼마 지나지 않아 27달러로 떨어진 주가에도 마음의 평화를 유지했다. 조금 기다린 후 주당 40달러, 총 120달러에 주식을 팔았다.

며칠 뒤 열한 살 버핏은 가치 투자가로 거듭나는 경험을 하게 된다. 주가가 주당 200달러까지 치솟았지만, 벌써 매도해버렸기 때문에 총 600달러에 팔 기회를 놓친 것이다. 그때 워런 버핏은 성공한 투자가가 반드시 지녀야 할 '인내'라는 자질을 배우게 된다.

아이가 실수를 통해서 겪게 되는 내면의 좌절을 오히려 성장의 기회로 바라봐주자. 엄마가 더 불안해하거나, 가슴 아파하지 말자. 부모가 믿어주면 아이는 스스로 성장하고 도전하는 힘을 갖게 된다. 도전하는 아이는 무슨 일을 하든, 어느 분야에 있든 인정받는 사람이 되고, 돈 버는 지혜 역시 갖추게 될 것이다.

실수란 무엇인가

실수에 대한 유대인들의 생각을 직접 들어보자. 다음은 윤종록 교수가 쓴《이매지노베이션》에 나오는 인터뷰 내용의 일부이다.

샤이 애거시 Shai Agasi

베터 플레이스 CEO의 실수에 대한 생각이다.《창업국가》에 나오는 그의 이야기로 한국 청년들에게 도전의식을 심어준 그에게 실패란 오히려 자부심을 얻는 기회다.

Q: 이스라엘이 왜 벤처 왕국이 됐다고 생각합니까?

A: 스스로에게 실패를 허용했기 때문이라고 생각합니다. … "나는 시도했고 실패했지만 그 과정을 통해 배웠고 다시 시도할 거야"라는 자부심을 가질 수 있어요. 자기 자신에게 실패를 허용하면 '성공의 꽃' 역시 피울 수 있습니다.[89]

조 하워드 Joe Howard

ENOS컨설팅 대표는 후츠파 정신에 기초한 이스라엘의 창조성을 중심으로 한 소규모 MBA 과정을 준비하고 있다. 그는 '실수'에 대해 어떤 관점을 가지고 있을까?

A: 실패를 마주하는 가장 쉬운 방법은 '그래, 하나 배웠다'라고 생각하는 겁니다. 사회 생활에서 실패할 수도 있고 학업에서 실패할 수도 있습니다. 이스라엘 사람들은 어떤 것도 창피해하지 않습니다. 다만 실패는 배우는 기회라고 생각합니다. (중략)

우리는 "이것 봐, 나 망쳤어"라고 말하고, 그 실수에서 무언가를 배우고 다음 단계로 나아가는 일을 쉽게 합니다. 실수를 받아들이고 교훈을 얻는 것은 혁신을 이루고 앞으로 나아가는 데 결정적인 요소입니다. 실수를 받아들이지 않는다면 모든 것은 그 지점에서 멈추고 맙니다. 그런 점에서 실패의 용인은 중요한 이스라엘적 요인입니다.[90]

유대인에게 실수는 배움의 기회다. 실수는 성공의 씨앗을 품고 있다. 아이의 실수는 성공의 씨앗을 심는 순간이다. 자녀가 실패하더라도 자신을 믿고, 절대 포기하지 않으며, 다시 도전해서 무한한 가능성을 경험하도록 격려하자.

짐 로저스 집에 걸려 있는 이 시의 제목은 '다시 해봐'이다. 그는 이 시를 자녀들과 함께 백 번 넘게 읽었다고 한다.[91]

— 다시 해봐

파머 T.H.Palmer

다시 해봐

이 교훈을 마음에 꼭 새겨둬야 해
처음에 성공하지 못하면
다시 해봐

용기를 내야 해
참고 견디며 계속하면
결국은 이기게 돼, 절대로 두려워 말고
다시 해봐

한두 번 실패하더라도
계속 시도하면 결국은 승리할 테니
다시 해봐
계속 노력하는 건 부끄러운 일이 아냐
이기지 못하면 또 어때
그냥 계속해봐
일이 너무 어렵게 느껴져도

노력한 시간은 너를 배신하지 않아

다시 해봐

다른 사람이 할 수 있는 일이면

너라고 왜 못하겠어?

이 한 가지만 기억해

'다시 해봐'

현명하게 소비하라

부자가 되는 길이 있다.
내일 할 일을 오늘 하고, 오늘 먹을 것을 내일 먹으면 된다.
탈무드

부자는 돈을 잘 지킨다. 돈을 많이 번다고 해서 모두 부자가 되는 것은 아니다. 유대인은 돈을 버는 것보다, 쓰는 것을 더 중요하게 생각한다. 들어온 돈을 잘 지켜야 저축하고, 투자하며, 남에게 베풀 수도 있다. 현명한 소비는 돈을 지키는 비결이다. 돈의 지혜는 현명한 소비 능력을 길러준다.

> 지금 현금을 벌 수 있는 방법은 돈을 쓰지 않는 것이다.
> 쓰지 않는 것이 곧 버는 것이다.
>
> 탈무드

금융 천재인 유대인들은 오랫동안 세계 금융계의 왕좌를 지켜왔다. 인류 금융 역사의 시작부터 오늘날까지 그들의 영향력은 막대하다. 미국에 살고 있는 유대인은 미국 인구의 약 2퍼센트다. 그러나 이들 소수의 부가 미국 전체 GDP에서 차지하는 비율은 15퍼센트에 가깝다.

또한 미국 최상위 40대 부자 중 40퍼센트가 유대인이다. 월가에서 가장 영향력 있는 인물 25명 중 조지 소로스를 비롯해 10명이 유대인이며, 미국의 경제 대통령이라 불리는 앨런 그린스펀도 유대인이다. 그는 연방준비위원회(FRB) 의장을 4회 연속으로 맡았다. 뒤이어 의장이 된 벤 버냉키, 자넷 옐런 역시 유대인이다. 경제·금융 분야에서 최고의 위치에 오른 유대인은 수없이 많다.

JP 모건 체이스, 골드만삭스, 페이스북, 구글, 마이크로소프트 등 미국 거대 금융 기업 및 IT 관련 대기업의 설립자가 유대인이거나 유대인의 자금으로 운영되고 있다. 유대인 인구는 전 세계 인구의 0.2퍼센트에 불과하다. 우리나라 인구의 약 3분의 1밖에 되지 않는다. 그런 그들이 세계 경제·금융 시장을 휘어잡고 있다. 도대체 그 '힘의 원천'은 무엇인가?

"돈은 힘이다"라는 말이 진리로 여겨지는 세상이다. 정말 진리일까? 반은 맞고 반은 틀렸다. 돈 자체에는 힘이 없기 때문이다. 하지만 돈이 강력한 힘을 가질 때가 있다. 돈을 가진 사람이 지혜가 있을 때다. 유대인의 경우가 그 대표적인 예다. 유대인 하면 지혜, 지혜 하면 유대인이다. '세상에서 가장 지혜로운 민족'이라는 말은 괜히 나오지 않았다.

지혜의 사전적 의미는 '사물의 이치를 빨리 깨닫고 사물을 정확하게 처리하는 정신적 능력'이다. 지혜는 부자가 되기 위해서 반드시 갖추어야 할 능력이다. 유대인은 지혜를 신의 속성이라고 믿고 소중히 여긴다. 신을 사랑하는 민족이기 때문이다. 그들에게 지혜는 신의 능력이며, 지혜를 얻는 것은 신을 닮아가는 길이다.

　유대인에게 지혜는 세상 모든 부귀를 다 주어도 바꿀 수 없는 가장 귀한 가치이다. 인류 역사상 가장 지혜로운 인물이라 하면 솔로몬 왕을 떠올린다. 아기를 칼로 나누라는 판결로 가짜 엄마와 진짜 엄마를 구분한 솔로몬 왕 역시 유대인이다. 현명한 판단과 결단력으로 '지혜의 왕'으로 불린 그는 아버지 다윗 왕의 뒤를 이어 이스라엘의 3대 왕이 되었다. 어느 날, 신은 솔로몬에게 가장 원하는 것이 무엇이냐고 묻는다. 솔로몬이 원한 것은 나라를 강하게 할 군사력도, 부를 위한 재물도 아니었다. 그가 원한 것은 사랑하는 백성들을 잘 다스릴 수 있는 '지혜'였다. 그의 현명한 대답 덕분에 신은 그에게 최고의 지혜는 물론이고 세상 최고의 부와 영광을 주었다.

> **부는 지혜 있는 사람의 면류관이다.**
> 솔로몬

솔로몬 왕의 이야기에서 알 수 있듯이, 지혜를 얻으면 부는 자연스럽게 따라오는 것이다. 유대인들은 수천 년 역사 동안 그것이 사실임을 입증해 왔다. 여기서 우리는 유대인 부의 비밀을 하나 알았다. 그들은 돈보다 먼저 지혜를 구한다는 사실 말이다.

지혜 ; 현명한 소비의 시작

유대인은 지혜를 최고 가치로 여긴다. 돈의 지혜는 돈의 소중함을 가르친다. 지혜를 얻은 아이는 자연스럽게 현명한 소비를 하게 된다. 그리고 현명한 소비습관은 부자를 만든다. 지혜가 현명한 소비습관을 낳고, 현명한 소비습관이 부자를 만든다. 돈의 지혜가 바로 힘의 원천이다. 금융계의 왕좌를 지키고, 세계의 금융과 경제를 지배하는 힘의 원천 말이다.

돈을 소중히 여기는 마음이 현명한 소비의 시작이다. 유대인은 자녀가 돈과 좋은 관계를 맺도록 교육한다. 유대인 부자교육은 돈을 바르게 정의하여, 돈과 좋은 관계를 맺게 한다. 돈의 EQ를 높이는 교육이다. 어디 EQ뿐인가. 유대인 부자교육은 돈의 IQ, EQ, SQ를 동시에 높이는 교육이다. 그럼 유대 전통이 말하는 돈이란 무엇인가?

> 돈은 신이 장만해 놓은 선물을 살 기회를 준다.
>
> 돈은 악이 아니며 저주도 아니다. 사람을 축복하는 것이다.
>
> 탈무드

유대인에게 돈은 축복이다. 돈이 있어야 신이 준비한 선물을 살 수 있다. 그들은 어렸을 때부터 돈을 신이 준 선물로 인식한다. 무의식 속에 긍정적인 돈의 이미지가 새겨진다. 이는 돈과 좋은 관계를 맺는 시작점이 된다.

> **돈을 사랑하는 마음만으로는 부자가 될 수 없다.**
> **돈이 당신을 사랑하지 않으면 안 된다.**
>
> 탈무드

유대인은 돈을 인격체로 여긴다. 사람은 자신을 사랑해주는 사람 곁에 오래 머무르고 싶어 한다. 돈도 마찬가지다. 그리고 돈은 주인이 좋은 마음으로 자신을 세상으로 흘려보내면, 더 많은 친구를 데리고 주인 곁으로 돌아온다. 다시 말해, 돈과의 좋은 관계는 돈을 지키는 힘인 동시에 끌어당기는 힘이다. 유대 전통은 돈의 목적에 대해서도 분명한 기준을 가르친다. 현명한 소비로 이어지는 지혜다.

유대인들에게 돈은 '사회 정의'를 위한 것이고, '더 나은 세상'을 위한 것이다. 유대인 부모는 자녀가 어릴 때부터 티쿤 올람 사상을 심어준다. 즉, 신이 지구를 인간에게 주었으니, 더 나은 세상으로 만드는 것은 인간의 사명이다. 신은 이 목적을 달성하기 위해 사람에게 돈을 선물로 주었다. 돈은 더 나은 세상을 만들기 위해 사용되어야 한다.

또한 돈은 생존을 위함이다. 그들에게 돈은 공부를 위한 시간을 확보해 주는 고마운 것이다. 돈이 없다면 공부할 시간에 노동을 해야 하기 때문에 유대인에게 있어서 삶의 가장 우선순위인 지혜 공부를 할 수 없게 된다. 그것은 그들에게 죽음과도 같다. 랍비 닐턴 본더는 돈에 대한 유대인의 생각을 이렇게 말한다.

— 유대인은 돈을 존중한다. 그러나 그 돈은 생존의 가능성을 다양화시키고 영적인 공부와 학습을 위한 시간을 확보하게 하는, 부패하지 않은 진짜 돈이다. 이런 영적 학습은 나무의 수액과 같은 생명 그 자체임을 알고 있다.[92]

유대인들에게 돈은 '사회 정의', '더 나은 세상', '생존', '공부'를 위한 것이다. 돈의 목적을 아는 아이는 현명한 소비를 할 수 있다. 적은 돈이라도 소중하게 여기고 신중하게 생각하며 돈을 쓴다.

탈무드에 나오는 돈의 지혜

지혜의 보고《탈무드》에는 돈에 관한 이야기가 참으로 많다. 인간의 삶과 가장 밀접한 관계가 있기 때문일 것이다.《탈무드》에 나오는 돈에 대한 교훈들을 더 살펴보자. 유대 전통의 지혜가 어떻게 현명한 소비습관으로 이어질 수밖에 없는지 조금은 느낄 수 있을 것이다.

- 가난한 사람은 죽은 자와 같다.
- 겨울 땔감에 필요한 돈을 여름철 한가한 때 놀면서 낭비하지 말라.
- 지혜를 활용해 부를 쌓으라.
- '나'보다는 '우리'를 소중히 생각하라.
- 돈은 무자비한 주인이 되기도 하고 유익한 심부름꾼이 되기도 한다.
- 부자가 되는 길이 있다. 내일 할 일을 오늘 하고, 오늘 먹을 것을 내일 먹으면 된다.
- 가난해도 부자가 되고 싶으면 부자의 줄에 서라

지식은 머리로 아는 것이고, 지혜는 가슴으로 깨닫는 것이다. 수천 년이 지난 지금까지도 가슴으로 다가오는 메시지들이다. 시간과 공간을 초월하는 지혜다. 어렸을 때부터 이런 돈의 정수를 배우니 유대인이 세계 경제를 주도하는 것은 어쩌면 당연한 결과일지도 모르겠다.

"탈무드는 부에 대한 나의 생각을 근본적으로 바꾸었고, 나의 삶도 변화시켰다."

세계 최고의 부자 록펠러의 고백이다. 다음 이야기를 읽어보라. 현재의 부자는 누구이며, 미래의 부자는 누구일까.

─ 어느 날, 부자의 집 앞을 지나가다 제자들이 랍비에게 물었다.

"부자와 현인 중 어느 쪽이 더 위대합니까?"

랍비가 대답했다.

"현인이 더 위대하지."

그러자 제자 한 명이 다시 스승에게 물었다.

"부자의 집에는 현인들과 학자들이 출입하는데, 현인들의 집에는 부자가 출입하지 않는 이유는 무엇일까요?"

랍비가 대답했다.

"현인은 현명하여 돈이 필요하다는 사실을 잘 알고 있지. 하지만 부자는 돈은 많지만 현인에게 지혜를 배워야 하는 걸 모르기 때문이다."

지혜를 갖춘 현인은 부자의 집에 찾아가 돈 공부를 한다. 그는 부와 지혜를 겸비한 위대한 현인이자 부자가 될 것이다. 돈은 많지만 지혜를 등한시 여긴 부자의 미래에 대해서는 아이들의 상상과 토론의 여지로 남겨두자.

유대인 부자교육은 어려서부터 《탈무드》를 통해 돈에 대해 공부하고, 토론하며, 부자의 자질까지 배우는 최고의 조기교육이다.

부와 지혜를 겸비한 현대판 현인 부자가 있다. 바로 워런 버핏이다. 그는 하루 대부분의 시간을 독서와 집필로 보내는 다독가이다. 그는 월스트리트의 화려하고 바쁜 삶이 아닌 오마하라는 작은 시골 마을에 살고 있다. 60년째 같은 집에 거주하며, 오래된 차를 몰고, 햄버거 같은 저렴한 식사를 하는 등 상당히 검소한 삶을 살고 있다. 열한 살에 처음으로 주식을 샀고 만 89세 현재 880억 달러(한화 103조원)를 가지고 있는 세계 4위 부자가 말이다.

버핏은 유대인의 '돈의 법칙'을 몸소 실행한 사람이다. 나눔, 절약, 소비, 투자, 일, 그의 삶 모든 부분에서 유대인의 지혜가 묻어난다. 소비 습관도 마찬가지다. "부자가 되는 길이 있다. 내일 할 일을 오늘 하고, 오늘 먹을 것을 내일 먹으면 된다"는《탈무드》의 지혜를 평생 몸소 실천해 왔다.

> **1센트는 또 다른 10억 달러의 시작이다.**
>
> 워런 버핏

메리 버핏은 '절약습관'이 '부자가 되는 지름길'이라고 말한다. 그녀는 워런 버핏의 투자 원칙이 그의 근검절약 정신에 근거한다고 설명한다.

— 투자의 제1원칙: 절대로 돈을 잃지 말라.

투자의 제2원칙: 제1원칙을 절대 잊지 말라.

이 투자 원칙이야말로 버핏이 잊지 않고 반드시 지키는 절대 원칙이다. 돈이 생길 기미만 보여도 무턱대고 비싼 차부터 뽑고 보는 사

람들과 달리 버핏은 억만장자가 된 지금까지도 구형 폭스바겐을 몰고 다닌다.[93]

버핏은 소비하기 전, 돈의 미래 가치를 계산하는 습관이 있다. 가령, '이 양복 값을 복리로 투자하면 10년 후에는 얼마나 되어 있을까?'라는 질문을 한다. 현재의 선택이 미래에 어떤 결과를 가져올지 생각하는 것이다. '인과의 법칙'이자, 부자들의 공통된 사고방식이다.

> **부자를 만드는 것은 통장 잔고가 아니라 생각의 차이다.**
>
> 폴 매케나

부자의 정신세계에 접속하라

유대인 부모의 관심은 오로지 '부자의 사고습관'을 길러주는 것이다. 단순히 '돈을 아껴야 부자가 될 수 있다'는 1차원적인 가르침이 아니다. 더 높은 부자의 정신세계에 접속하도록 훈련하는 것이다. 부자처럼 생각하면 현명한 소비습관은 자연스럽게 길러진다.

부자의 생각은 의식주를 걱정하고, 순간적인 만족을 추구하는 낮은 차원의 의식세계가 아니다. 진정 자기다운 삶을 살면서 모두가 행복한 미래, 더 나은 세상을 추구하는 높은 의식의 차원이다. 부자의 정신세계를 갖지 못하면 100억이 수중에 들어오더라도 그 돈을 지키지 못한다.

가난하게 살다가 복권에 당첨되어 벼락부자들이 된 사람들의 결말은 좋지 않다. 반대로 기사화되지는 않지만 부자들이 복권에 당첨된 경우도 있다. 그들은 당첨금을 주변 사람들과 나누며 세상을 행복하게 만든다.

필요한 것인가 vs 원하는 것인가

유대인은 부자의 생각 방식을 훈련하는 동시에 현명한 소비습관을 키운다. 부자생각 훈련이란, 돈을 쓸 때 '꼭 필요한 것'과 '원하는 것'을 분별하는 능력을 키우는 것이다. 부자는 '그것을 원해. 그러니까 사야지'라고 생각하고 곧바로 행동에 옮기지 않는다. '나에게 꼭 필요한 건가 아니면 원하는 건가?'라고 스스로 질문하는 과정을 거친다. 삶을 살아가는 데 꼭 필요한 물건이면 산다. 그러나 원하는 것이라면 잠시 결정을 지연시킨다. 즉, 충동 구매하지 않는다.

현재의 선택은 미래의 씨앗

부자들은 현명한 소비습관이 완전히 몸에 배어 있다. 그들은 현재의 선택이 미래를 결정한다는 사실을 안다. 현명한 소비는 미래의 부와 성공으로 이어진다. 뿌린 대로 거둔다. 인과의 법칙이다. 우주는 한 치의 오차도 없다.

《돈과 인생의 비밀》에 나오는 유대인 게라 씨는 부자의 사고패턴과 소비습관에 대한 좋은 예를 든다.[94] 현재의 소비가 미래의 삶을 결정 짓는다.

현재: 자동차를 산다는 것 = 미래: 평생 노동

부자들의 소비에 대한 생각공식이다. 현재의 자동차 구입을 평생 노동을 해야 하는 고통스러운 미래의 삶으로 연결시킨다. 따라서 '지금 당장 자동차를 사는 대신 투자해서 하루 빨리 수익을 올리자. 그리고 미래에 경제적 자유가 보장된 삶을 살자'라고 결론 내린다. 이러한 생각은 현명한 소비로 이어진다.

> **꿈을 찾으라. 그리고 그 꿈을 이루기 위해 노력하라.**
> **부와 풍요에 대한 올바른 사고방식만 갖춘다면 꿈을 실현할 수 있을 것이다.**
> 팻 메시티

이러한 작은 소비습관이 모여서 10, 20년 후에 커다란 부의 차이를 창조하는 것이다. 부자들은 일단 경제적 자유를 얻고 나면, 원하는 것을 자유롭게 살 수 있는 단계가 온다고 말한다. 그때는 돈에 얽매이지 않고, 미래에 대한 불안한 마음 없이 멋진 자동차를 구입할 수 있다. 단, 경제적 자유를 얻을 때까지 반드시 부자의 사고방식을 훈련하고,

현명한 소비습관을 가져야 한다. 그렇지 않으면 열심히 쌓은 부의 공
든 탑이 하루아침에 무너질 수 있다. 부자의 생각훈련과 현명한 소비
습관으로 돈을 지키는 능력을 키워야 한다.

감정은 답을 알고 있다

유대인은 감정을 활용하여 현명한 소비를 한다. 유대인 부의 지혜는
현명한 소비를 할 때 마음의 평화와 기쁨을 느낀다고 가르친다. 하지
만 반대의 경우 불안과 걱정, 즉 부정적인 감정이 생긴다. 과도한 소
비를 하거나, 충동 구매를 하면 사람은 미세한 불편함을 느낀다.

현명한 소비는 긍정의 씨앗을 심는 행위다. 따라서 미래에 좋은
열매를 맺게 된다. 열매는 부와 성공이다. 과한 소비나 충동 구매는
부정의 씨앗을 심는 것이다. 열매는 가난과 불행이다. 뿌린 대로 거
두는 인과의 법칙이다. 우주는 한 치의 오차도 없다. 유대인 부의 지
혜는 인간은 내면에 완전히 다른 두 가지 성향을 지니고 있다고 말
한다.[95]

하나는 사람들을 가난하게 만들 '야수'다. 야수는 '이걸 사면 행복
해질 거야', '이걸 가지면 사람들이 대단하다고 생각하겠지' 등 물질
을 통해서 행복을 얻고, 사랑받을 수 있다고 끊임없이 속삭인다. 사람
들은 야수의 소리에 속아서 순간적인 만족을 얻기 위해 충동 구매를

한다. 그 결과는 가난이다. 돈에 대한 집착으로 인색한 구두쇠 역시 '야수'의 또 다른 모습이다. 무조건 아끼는 사람은 가족보다 돈을 더 사랑하는 것이다.

또 다른 성향은 사람들을 부자로 만들어 줄 '천사'다. 나누고, 절제하고, 영혼의 기쁨을 얻는 선택을 하도록 돕는다. 천사의 목소리를 좇으면 현명한 소비습관을 가질 수 있다. 내면의 '천사'는 당신 자신과 가족의 미래를 지켜줄 것이다.

"네 안에 천사와 야수가 있단다.

너는 누구의 목소리에 귀 기울이고 있니?

네가 지금 내리는 선택에 따라 너의 미래가 달라진단다."

'유대 사회의 영웅'이라고 불리는 랍비 셀소 쿠키어콘은 천사와 야수를 따르는 선택의 씨앗을 심을 경우 미래에 나타날 결과에 대해 설명한다. 수천 년 전부터 내려오는 전통적인 가르침을 현시대 상황에 적용한 그의 통찰력이 돋보인다.

— 자동차 대리점에 갔을 때 분수에 맞지 않는 값비싼 자동차를 사지 말라고 머릿속에서 나지막이 속삭이던 목소리를 기억하는가? 그것이 바로 당신과 가족을 위해 옳은 일을 하도록 이끄는 천사의 목소리였다.

세상은 당신에게 물건들이 필요하다고 끊임없이 소리친다. 텔레비

전이나 인터넷, 거리의 광고판, 동료의 압력은 물론 심지어는 당신의 자아에서도 이런 소리가 들려온다. 이 소리와 내면에 도사리고 있는 야수의 목소리를 따를수록 당신은 노예의 땅으로 더욱 깊숙이 들어가게 되며, 해를 거듭할수록 그곳에 벗어나기는 점점 더 어려워질 것이다.

반면 천사의 목소리에 귀를 기울인다면, 천사는 당신을 지속적인 부유함과 풍요로움이 기다리는 약속의 땅으로 인도할 것이다. 그곳은 사방이 부로 넘치고 노예 상태에서 영원히 벗어날 수 있는 곳이다.

비록 당신이 내면의 야수를 완전히 제거해버릴 수는 없지만, 야수 또한 당신 내면의 천사를 죽여 없애버리지 못한다. 천사를 우선할수록 시간이 지나면 천사의 목소리는 점점 커지고 강해져서 당신을 기다리는 바로 그 약속의 땅으로 당신을 이끌 것이다.[96]

모든 것이 현재의 선택에 달려 있다. 천사의 목소리에 귀를 기울일 것인가, 야수의 목소리를 따를 것인가? 답은 이미 당신 안에 있다. 당신의 감정은 답을 알고 있다. 돈을 쓸 때 감정을 관찰하면 현명한 소비를 할 수 있다. 천사의 목소리를 들으면 마음의 안정과 기쁨을 느낀다. 야수의 목소리를 따르면 불안과 걱정이 생긴다. 부자들은 자신의 느낌을 신뢰한다.

"스스로 무언가를 결정해야 할 때는 내면에서 울리는 북소리에 맞취 행진하라"

유대인 부모가 아이들에게 해주는 말이다. 얼마나 멋진 말인가! 무언가를 결정해야할 때가 바로 자신의 내면을 들여다볼 때다. 자신에 대해 더 깊이 알고, 자신과 더 가까워지는 순간이다. 내면에서 울리는 북소리에 맞춰 행진하라! 영혼의 기쁨을 따라 행진하듯 힘차게 선택하라. 감정이 알려주는 대로 소비하라. 현명한 소비선택이 미래를 결정한다.

중국에서 자란 유대인 엄마 사라 이마스의 말을 통해, 유대인 부모가 현명한 소비습관을 길러주기 위해 '느낌'을 얼마나 중요하게 생각하는지 알 수 있다.

— 아이가 돈을 쓴 다음에는 반드시 물건을 산 '느낌'에 관해 이야기를 나눈다. 자신의 소비가 합리적이었는지, 구입한 물건이 꼭 필요한 것이었는지를 분석하는 과정이다. 그러면 아이는 지나친 소비가 낳는 결과를 정확히 이해하고 함부로 돈을 낭비하지 않게 된다.[97]

유대인 부모가 어떻게 현명한 소비습관을 길러주는지 좀 더 구체적으로 살펴보자.

유대인 엄마의 부자수업

'인과의 법칙'으로 소비습관 길러주기

유대인 부모는 자녀에게 결정권이 있음을 가르친다. 자녀는 스스로 결정하는 존재이며, 지금의 선택이 자신의 미래를 바꿀 거라고 알려준다. 수많은 선택의 결과들이 모여 부와 성공을 이룬다. '뿌린 대로 거둔다.' 즉, 인과의 법칙을 자연스럽게 교육한다.

"돈을 쓰기 전에 스스로에게 물어보렴.

이 선택이 미래에 어떤 결과를 만들까?

이 선택이 나와 내 가족을 행복하게 할까?"

소비를 결정할 때, 잠시 멈추고 생각하는 습관은 자녀를 생각의 주인으로 만든다. 생각의 노예 즉, 무의식이 이끄는 대로 살아가는 것이 아니다. 스스로 생각을 통제하고, 결과를 예측하고, 행동을 결정하는 사고 프로세스는 부자의 생각훈련이며 자녀를 삶의 주인으로 만들어 준다. 자신뿐만 아니라 가족, 나아가 주변 사람들의 행복까지 생각하는 확장된 사고영역은 부자들의 정신세계에 접속하는 것이다.

"네가 지금 내리는 선택에 따라 네 미래가 달라진단다."

하버드 출신 의사이자 세계적인 철학자 아빠, 디팩 초프라는 부모들에게 인과의 법칙으로 자녀의 영성을 깨우라고 조언한다. 인과의 법칙을 알고, 욕구 충족을 지연하는 습관을 지닌 아이들의 미래가 훨씬 성공적이라고 말한다.[98] 더 큰 가치를 추구하는 선택은 더 큰 성공을 거둔다. 이것은 인과 법칙의 비밀이다.

— 다른 사람을 행복하게 하겠다는 생각을 밑바탕에 깔고 선택을 내리는 사람들은 그냥 이기적인 선택을 하는 사람들보다 더 큰 성공을 거두곤 한다. 물질주의적인 세상에서 그런 일이 일어난다는 것이 의아할 수도 있지만 인과법칙에 비추어보면 너무나 당연한 결과다.[99]

자녀를 부자로 키우는 한 마디, "기다려"

히브리어 '싸블라누트(기다려)'는 인내심이라는 뜻을 포함한다. 유대인 부모는 이 한 마디로 만족을 지연시키는 힘을 길러준다. 아이가 무언가를 요구할 때가 바로 절호의 기회이다.

"엄마, 주스 먹고 싶어요."

"기다려. 엄마 지금 하는 일 끝내고 도와줄게."

유대인 엄마는 말 한마디로 부자의 자질을 길러준다. 아이는 기다리면서 인내를 배우고, 엄마의 말에서 존중하는 태도를 배운다. 기다림의 끝에는 자신이 원하던 것과 함께 더 멋진 보상이 기다리고 있다. 엄마의 칭찬이다. "정말 잘 기다렸어. 훌륭해."

사라 이마스는 "유대인은 '과도한 만족'을 '보이지 않는 가정 폭력'으로 여겨 금기시한다. 만족을 지연시키는 것은 유대인의 중요한 자녀 교육법 중 하나"라고 말한다. 자녀교육에 있어서 과도한 만족은 아

예 불필요하며 과도한 소비습관의 원인으로 여긴다. 그녀는 과도한
만족을 이렇게 설명한다.

— 의식주는 물론이고 놀이 시간, 대인 관계 등 모든 면에서 아이에게
　지나치게 관대하다. 그 결과 아이는 옳고 그름, 좋고 나쁨을 구분하
　지 못하고, 책임감이 없으며, 돈을 물 쓰듯 써버리는 사람으로 자라
　게 된다.[100]

"기다려"라는 엄마의 한 마디가 자녀의 현명한 소비습관을 길러준
다. "물고기를 잡아주는 대신, 낚시하는 법을 가르치라"는 유대인의
교육철학이 그대로 담겨 있다. 돈을 주는 대신, 돈을 지키는 법을 가
르치라!

재미있게 저축하라

돈을 많이 버는 자보다, 많이 모으는 자가 이긴다.
탈무드

인생의 큰 변화는 작은 일에서 시작한다. 부는 아주 작은 습관에서부터 시작된다. 부자는 저축하는 습관을 통해 새는 돈을 막고, 큰돈을 모은다. 유대인은 '샬롬 펀드'라는 비상금을 적립해서 미래를 대비하고, 일정 기간 모은 종잣돈을 투자하여 돈이 돈을 버는 시스템을 만든다. 시작은 저축이다. 저축은 부자의 습관이다.

> 내가 어린 나이에 아버지에게 배운 것은
> 일찌감치 좋은 습관을 기르라는 것이었습니다.
> 저축은 아버지가 내게 가르쳐 준 가장 중요한 교훈이었지요.[101]
> 워런 버핏

머니트레이너 박종기 대표는 부자가 되려면 하루빨리 부자통장을 만들어 종잣돈을 모으라고 말한다.[102] 차곡차곡 모은 돈은 대학 등록금이 되어 자녀의 미래를 결정짓기도 하고, 투자금이 되어 가정의 부와 미래를 책임지기도 한다.

그는 부자들은 돈맛을 '모으는 맛'으로 여긴다며, 부자가 되려면 저축의 기쁨을 알아야 한다고 강조한다.[103] 부자들은 통장 계좌에 늘어가는 잔고를 보며 행복을 느낀다. 돈을 모으는 재미가 저축습관을 만든다. 습관이 운명을 바꾼다. 자녀의 미래를 바꾼다.

미래를 대비하는 저축

인류는 역사로부터 배운다. 과거로부터 얻은 교훈으로 현재를 살고 미래를 계획한다. 유대인 조상 중에 요셉이라는 사람이 있다. 그는 인류 역사상 최초이며 최고의 억만장자다. 유대 역사에서 매우 중요한 인물인 요셉은 저축을 통해 가족을 살리고, 이집트를 당대 가장 부유한 나라로 만든다. 그는 어린 시절 형들의 시기와 질투 때문에 이집트 노예로 팔려갔지만, 특별한 꿈 해석 능력과 재정관리 능력으로 이집트 총리의 자리까지 오르게 된다.

억울하게 감옥 생활을 하던 어느 날, 요셉은 이집트 왕 파라오의 꿈을 해몽하는 기회를 얻는다. 이상한 꿈을 꾼 파라오는 나라의 모든 점술가와 현인들을 불러 모았으나 아무도 만족할 만한 해석을 내놓지 못했다.

— 살찐 암소 일곱 마리가 흉악한 암소 일곱 마리에게 먹히는 꿈. 무성한 일곱 이삭이 쇠약하고 마른 일곱 이삭에게 먹히는 꿈. 왕의 이 꿈들은 앞으로 이집트에 닥칠 칠 년 풍년과 칠 년 흉년을 뜻합니다. 농사가 잘되는 칠 년 동안, 나오는 모든 곡물의 5분의 1을 창고에 쌓아두십시오. 이것으로 흉년 때를 대비하십시오. 그러면 백성들은 어려운 시기를 잘 보내고, 나라도 지속될 것입니다.

요셉은 꿈 해석뿐만 아니라 해결책까지 내놓는다. 그의 탁월한 꿈 해석과 지혜에 감동한 파라오는 요셉을 총리로 임명한다.

요셉이 제안한 방법은 칠 년의 풍년 동안 식량의 20퍼센트를 사들여 '저축하기'였다. 그는 계획대로 실행했고, 이후 다가온 칠 년의 흉년을 슬기롭게 대처했다. 풍년일 때 싸게 사들여 모아둔 곡식을 흉년일 때 백성들에게 적절하게 배분하여 국가적 위기를 극복했다. 갑자기 불어 닥친 흉년으로 이웃나라들은 먹을 양식이 금세 바닥이 났다.

미리 준비한 자에게 위기는 기회다. 총리가 된 요셉은 비축해 놓은 곡식을 이웃나라에 비싸게 팔았다. 최악의 위기를 최고의 기회로 만든 것이다. 이후 요셉이 이끄는 이집트는 당시 고대 근동의 최대 강국이 되었다.

유대인은 요셉의 이야기에서 저축의 중요성을 배운다. 저축은 불확실한 미래를 대비하고, 위기를 기회로 만든다. 유대인 부모는 조상에게서 배운 지혜를 소중히 마음에 새기고 현재의 삶에 적용한다. 그리고 자녀에게 요셉의 이야기를 들려주며 저축을 가르친다.

"저축은 아주 중요한 습관이란다.

자신과 가족을 지켜주며, 미래를 준비하는 길이지."

── 돈이 들어오면 우선 저축부터 해야 합니다. … 세상은 늘 바뀝니다. 따라서 지금의 상태는 절대 계속되지 않습니다. 분명히 흐름이 변할 때가 오는데, 이때 그 흐름을 넘어서기 위해서는 저축이 꼭 필요합니다.[104]

일본 부사 사이토 히토리의 말이다. 부자가 되려면 부자에게 배워야 한다. 부자들은 버는 돈보다 적게 쓰기를 반드시 실천하고 목숨처럼 지킨다. 그들의 현명한 소비습관은 저축습관으로 이어진다.

저축은 돈의 흐름에 플러스 파동을 붙게 한다. 돈을 끌어당기는 파동이다. 저축 금액이 늘어날수록 돈은 강한 플러스 파동을 발산한다. 어느 순간, 가속도가 붙어 더 빠른 속도로 돈의 흐름이 커진다.

"어느 순간부터 상상하지도 못한 돈이 들어오기 시작했어요"라는 부자들의 고백은 과장이 아니다. 처음 시작은 저축이다. 돈의 큰 흐름은 저축이라는 아주 작은 습관에서 시작된다. 사이토 히토리는 마이

너스 인생을 살아서는 안 된다고 경고한다.

— 그 사람의 돈의 흐름에 마이너스를 만드는 파동이 붙어버리기 때문
이죠. 그러면 그때부터는 무엇을 하더라도 빚 없이는 돌아가지 않
습니다.[105]

유대인은 어려서부터 저축습관을 길러준다. 자녀의 돈에 플러스 파동
을 만드는 습관이다. 저축하는 습관은 자신감과 절제력으로 이어진
다. 일석삼조의 교육이다.

> 생각이 바뀌면 행동이 바뀌고 행동이 바뀌면 습관이 바뀌고
> 습관이 바뀌면 인격이 바뀌고 인격이 바뀌면 운명이 바뀐다.
> 윌리엄 제임스

아주 작은 부자습관의 힘

유대인 엄마는 아기가 걷기 전부터 동전을 손에 쥐어주며, 저금통에
넣는 습관을 길러준다. 집집마다 개인 저금통이 있다.

저축은 부의 씨앗을 심는 것이다. 씨앗을 심지 않고 거둘 수는 없
다! 저축을 하지 않고 부자가 될 수는 없다! 저축은 부자의 습관이다.

자연의 법칙처럼 예외 없는 부의 법칙이다. 유대인 부모는 이 단순명료한 진리를 마음에 새기고 자녀에게 가르친다.

저축 습관은 부와 성공을 끌어당기는 강력한 힘이다. 저축은 돈을 지키는 방법이기도 하다. 부자들은 돈을 지키는 데 있어서 천재들이다. 돈을 아무리 많이 벌어도 돈을 지키는 능력이 없으면 결코 부자가 될 수 없다.

> **저축은 모든 부자들이 지닌 미덕이다.**
>
> 보도 섀퍼

유대인이 대물림하는 부자의 비밀

유대 경전 《토라》와 《탈무드》에는 돈에 관한 교훈들이 참 많다. 유대인은 지혜 공부를 생명처럼 여긴다. 앎을 위한 공부가 아닌, 행함을 위한 공부다. 유대인 부모는 삶 속에서 지혜를 행하며 자녀에게 가르친다.

> **부를 이어가기 위해 꼭 필요한 것은 지금 절약하고**
>
> **저축하는 방법을 자녀들에게 가르치는 것이다.**
>
> 유대 격언

유대인의 지혜는 다음 세대로, 또 그 다음 세대로 성공적으로 대물림 되었다. 그 결과, 전 세계 인구의 0.2퍼센트에 불과한 유대인들이 세계 금융 · 경제를 지배하게 된 것이다. 유대인들은 부모가 물려준 정신적 유산으로 인해 자신이 부자가 될 수 있었다고 고백한다.

랍비 셀소 쿠키어콘은 어느 날, 스타인이라는 이름의 한 노신사의 전화를 받는다. 면담 약속을 하고 스타인 씨의 집에 가니, 80대 노부부가 그를 기다리고 있었다. 스타인 씨는 세일즈맨과 보험 설계사로 일하다 퇴직했고, 그의 아내는 전직 교사였다.

얼마 전, 스타인 씨의 손자가 아이비리그의 한 대학에 합격했다. 노부부는 손자의 학비를 직접 대고 싶어 했다. 한 해 학비가 10만 달러(약 1억 천만 원)되는 금액이다. 더구나 나머지 손자 다섯 명의 등록금도 후원하기를 원했다. 그들은 노후 준비도 완벽히 마친 상태였다.

쿠키어콘은 스타인 씨와의 만남 이후 몇 주 동안 고민에 빠졌다. 수입이 많지 않은 직업을 가졌던 그들이 어떻게 부자가 될 수 있었을까? 궁금증이 머릿속을 떠나지 않았다. 보험 설계사와 교사의 월급으로는 상상도 할 수 없는 거액이었다.

그는 도저히 풀리지 않는 궁금증을 해결하기 위해 스타인 씨를 초대하여 직접 물어보기로 했다. 높지 않은 월급으로 안정된 노후 생활과 가족들의 행복까지 책임지는 노부부에게 그들만의 놀라운 재정 능력과 원칙이 분명히 있을 것이라고 생각했다. 아니면 유산을 받았을지도 모를 일이었다. 하지만 예상은 빗나갔다. 그들의 부모님은 가난한 동유럽의 이민자였고, 세상을 떠날 때까지 스타인 씨 부부가 돌봐야 했다.

"하지만, 부모님들로부터 가장 위대한 유산을 물려받았죠. 부부간의 화목과 자선, 자녀들의 교육을 위해 저축하는 일이 매우 중요한 가치라고 배웠습니다.

저희는 한 사람의 월급으로 생활하고 나머지는 저축했어요. 부모님의 가르침대로 사회의 일반적인 통념을 거부했습니다. 친구들이 신형 뷰익을 빌려 탈 때 우리는 12년까지 같은 차를 탔어요. 자녀가 태어나는 등 상황이 바뀌어도 새집을 사지 않고, 살던 집에서 계속 살았죠.

경제 상황이 좋든 나쁘든 상관없이 부모님의 조언은 늘 저희에게 위로와 힘이 되었습니다. 경기가 좋지 않아 사람들이 불안해 할 때 저희는 마음의 평화를 잃지 않고 낮은 가격으로 부동산과 뮤추얼펀드, 주식을 사들였답니다."

대화의 끝은 스타인 씨의 부인이 아름답게 장식했다.

"남편 말은 우리 부모님께서 소중한 유산, 즉 토라라는 유산을 남기셨다는 거죠."[106]

스타인 씨의 재정관리에는 유대인 다섯 가지 돈의 원칙이 전부 다 들어 있다. 그는 부모에게 배운 대로 돈을 관리했다. 벌기, 쓰기, 저축하기, 나누기, 투자하기. 다섯 가지 돈의 법칙이 하나의 시스템이 되었다. 맞벌이로 돈을 벌고, 한 명의 월급은 저축하며 다른 한 명의 월급으로 아껴 쓰고, 자선을 베풀며, 부동산·펀드·주식에 투자하는 돈의 시스템을 만들었다. 시간이 갈수록 돈의 흐름이 점점 더 커졌을 것이다. 어느 순간부터 스타인 씨 부부의 재정적 능력도 놀랄 정도로 가속화되었을 것이다. 기억하자. 그들은 큰돈으로 시작하지 않았다.

> 어쩌면 '신의 법칙'일지도 모르겠습니다.
> 수입의 일정 부분을 쓰지 않고 저축하는 사람에게는 돈도 쉽게 벌립니다.[107]
> 바빌론 부자 아카드

아주 작은 부자습관, 즉 저축을 시작으로 그들은 돈이 돈을 버는 완벽한 시스템을 만들었다. 80대 노부부의 풍요로운 노후는 물론, 가족들에게 행복한 미래까지 선사하게 된 비결은 저축습관이었다. 저축습관 이전에 부모님의 부자교육이 있었다. 유대인의 위대한 유산은 교육을 통해 자녀 세대와 손자 세대로 계속 대물림된다.

돈이 돈을 버는 시스템

유대인의 다섯 가지 돈의 법칙은 시스템이다. 유대 전통은 서로 다른 것들이 완벽한 조화와 균형을 이루며 결국 '하나 됨'의 원리를 가르친다. 부에 이르는 가장 확실하고 빠른 방법은 돈의 시스템을 최적화하는 것이다. 저절로 돌아가는 돈의 시스템을 만드는 것은 백전백승의 법칙이다. 스파인 씨는 다섯 가지 돈의 법칙이 조화롭게 돌아가는 완벽한 시스템을 만들어 경제적 자유를 얻었다.

> **자네가 저축한 돈은 자네가 더 많은 수확을 위해서**
> **밭에 뿌린 씨앗과도 같은 것일세.[108]**
> 바빌론 부자 알가미쉬

유대인의 다섯 가지 돈의 법칙을 나무에 비유하면 저축은 뿌리에 해당한다. 즉, 돈 버는 시스템의 근본이다. 뿌리가 약하면 나무 전체가 흔들리듯, 저축이 무너지면 다른 돈의 법칙들은 힘을 잃는다. 벌기, 쓰기, 나누기, 투자하기 모두 중요하지만 저축하기는 나머지 네 가지 법칙이 더욱 원활하고 힘차게 돌아갈 수 있도록 영양분을 공급한다. 예를 들어, 저축을 통해 모은 종잣돈이 많을수록 투자는 더 활발히 진행된다.

> **저축하고 투자하라! 그리고 또 저축하고 투자하라!**
> 워런 버핏

저축만으로 부자가 될 수 있는 시대는 끝났다고 하지만, 저축하지 않으면 부자가 될 수 없다. 투자가 당신을 부자로 만들어 줄 수 있다. 그러나 저축 없이 높은 투자수익을 기대하기는 어렵다.

성공적 투자에는 두 가지 조건이 필요하다. 바로 마음의 평화와 투자금이다. 저축한 돈은 마음의 평화를 준다. 투자 전문가들은 빌린 돈으로 절대 투자하지 말라고 경고한다. 불안한 마음은 부정적인 결과를 낳기 때문이다.

성공적 투자의 또 다른 조건은 투자금이다. 저축을 통해 일정 기간 모은 돈은 투자금이 된다. 투자금이 많을수록 수익금도 많아지고, 부자가 되는 속도는 더 빨라진다. 부자가 되는 속도 공식은 아래와 같다.

$$S = P \times M$$

S는 부자 되는 속도, P는 마음의 평화, M은 투자금이다. 저축은 당신을 더 빠른 속도로 부자로 만들어 줄 것이다. 저축은 마음의 평화와 깊은 관련이 있다.

저축으로 인해 얻는 재정적 유익보다 정신적 혜택이 훨씬 크다. 유대인은 수입의 일부를 따로 떼어 자신에게 보상하듯 하는 저축을 샬롬 펀드라고 한다.[109] 샬롬은 '평화'라는 뜻이다. 매달 통장에 쌓여가는 잔고를 보며 심리적인 안정감을 누릴 수 있다. 미래에 어떤 일이 닥쳐도 대처할 수 있다는 믿음도 생긴다. 즉, 보이는 세계와 보이지 않는 세계의 연결이다.

> **몸은 마음에 의지하고, 마음은 지갑에 의지한다.**
>
> 탈무드

마음의 평화는 보이지 않는 세계의 가장 근본이 되는 힘이다. 마음의 평화가 없으면 '돈 벌기'에 필요한 믿음, '돈 쓰기'에 필요한 분별력, '나누기'에 필요한 순수함, '투자하기'에 필요한 초연함, 즉 나머지 유대인 돈의 법칙에 필요한 정신적 힘을 잃는다.

마음의 평화가 없는 상태로 돈 벌기, 쓰기, 나누기, 투자하기를 하면 오히려 부정적인 돈의 흐름을 만든다. 또다시 보이는 세계와 보이지 않는 세계의 연결이다. 결과가 이미 정해진 상태에서 애써 싸우는 꼴이 된다. 다시 한 번 기억하자. 세계 대부호들에게 진정한 부는 마음의 평화라는 사실을.

저축은 돈 버는 시스템의 윤활유 역할을 한다. 보이는 세계와 보이지 않는 세계, 양쪽에서 말이다. 마음의 평화와 종잣돈은 부의 시스템이 원활하게 돌아가게 만든다.

저축으로 위대함의 씨앗 심기

"돈을 모을 수 없다면, 위대함의 씨앗은 당신 안에 존재할 수 없다." 이 영원한 진리가 지금 이 순간, 가슴으로 다가온다면, 이제 시작이다.

이 깨달음이 자신과 가족에게 더 멋진 미래를 선물할 것이다.

저축은 현재의 자신을 자랑스럽게 여기고, 미래의 자신을 더 훌륭하게 만든다.

저축은 현재의 가족을 행복하게 하고, 미래의 가족을 더 부유하게 만든다.

저축은 현재의 마음을 평화롭게 하고, 미래의 마음을 더 풍요롭게 만든다.

진정한 부는 마음에서부터 시작되어, 현실에 나타난다. 이것은 변하지 않는 부의 법칙이다. 저축은 부를 끌어당기는 자석 같은 마음을 만든다. 유대인은 마음의 법칙을 잘 알고, 그들의 재정적 원리에 적용했다. 저축은 돈과 마음 둘 다 얻을 수 있는 강력한 전략이다. 유대인 부모가 어려서부터 저축습관을 길러주는 이유이다.

> **실패한 자와 성공한 자의 유일한 차이점은 습관의 차이이다.**
> **좋은 습관은 성공에 이르는 열쇠이다. 나쁜 습관은 활짝 열린 실패의 문이다.**
> 오그 만디노

저축이라고 해서 너무 부담스러워 할 필요는 없다. 무조건 아끼는 것은 유대인 부의 법칙이 아니다. 그들은 즐거움, 기쁨, 재미를 우선시한다. 오히려 무조건 안 쓰는 사람은 "돈을 사람보다 더 사랑한다"며 경계한다. 그것은 신의 뜻이 아니라고 믿는다. 유대인은 쓸 때는 기분

좋게 쓰고 지킬 때는 확실하게 지킨다. 즉, 돈의 주인으로서 분별력을 가지고 재정을 관리한다.

저축의 재미와 의미

저축의 핵심은 '재미'이다. '재미있게' 저축하라! 유대인은 저축을 하더라도 즐겁게 한다. 뭐든지 재미가 있어야 지속 가능하다는 사실을 알기 때문이다. 유대인은 '재미와 의미'로 경이로운 결과를 만든다. 어린아이부터 어른까지 일단 재미를 느끼면 하지 말라고 해도 어떻게든 한다. 거기다 의미까지 더해지면, 개인의 성장은 물론이고, 더 나은 세상을 만드는 힘이 된다.

> 삶은 딱 두 가지다. 재미와 의미. 인생은 재미와 의미가 어느 한쪽으로
> 치우치지 않게 균형을 잡는 시소놀이다.[110]
> 윤우상

유대인은 재미의 힘을 활용하여 최고의 성과를 만든다. 어려운 히브리어를 배우는 아이에게 벌꿀을 묻힌 글자 표를 활용하는 점만 봐도 알 수 있다. 감정의 힘을 활용하지 않고 일하는 것은, 윤활유 없이 기계를 돌리는 것과 같다. 힘들고 지루한데 억지로 하면 효율성이 떨어

진다. 그러면 굳이 같은 방법대로 계속할 이유가 없다. 방법을 바꾸거나 그만두거나 둘 중 하나이다. 유대인은 어떻게 자녀가 재미있게 저축하도록 교육할까?

'최소 노력의 법칙'으로 저축습관 길러주기

"자연은 아주 작은 것을 아주 크게, 아주 많이 만드는 힘이 있단다. 저축은 그런 거란다. 아주 적은 금액에 시간만 더해지면 누구나 부자가 될 수 있단다. 지금 이 순간 기분 좋게 저축하거라. 그리고 흘러가는 대로 따라가 보렴."

유대인 부모는 저축습관을 통해 마음의 힘을 길러준다. 자녀도 자연의 일부이다. 자연의 법칙에 순응할 때, 가장 행복한 삶을 살 수 있다. 힘들게 애써서 하지 않아도, 즐겁게 놀이하듯 삶을 살다 보면, 가장 훌륭한 결과와 마주하게 된다. 저 바깥의 꽃과 나무들처럼.

유대인은 모든 아이가 부자로 태어났다고 믿는다. 놀이하듯 재미있게 저축하는 습관만 길러주면, 자연의 법칙을 따라 온 우주가 돕는다. 부자가 되도록 말이다. 엄마가 힘들이지 않고 아이가 애쓰지 않아도 된다.

"거부하지 말고 흘러가는 대로 따라가 보렴."

디팩 초프라는 부모들에게 최소 노력의 법칙으로 아이들의 영성을 깨우라고 조언한다. "세상에 영적 지혜를 활용하는 것보다 더 능률적인 일은 없다"고 말하며 이것이 아이의 성공 가능성을 높이는 방법이

라고 설명한다.[111]

— 자연이 가장 생산적이고 창조적일 때, 자연은 일하지 않는다. 자연
은 놀이를 즐길 뿐이다.
가장 훌륭하게 이루어진 일은 물이 흐르듯 노력하지 않아도 쉽게
이루어진다.[112]

자신에게 보상하라

"정말 잘했어, 멋져"라고 자신을 칭찬하며 보상한 적이 있는가? 부자
들에게는 보통 사람들과 다른 중대한 차이가 있다. 자신에게 보상을
잘한다는 것이다. 이는 유대인들이 강조하는 습관이기도 하다.

— (부자들은) 우선 자신에게 보상한다. 유대 사회는 바로 이 습관을 기
를 것을 강조해 가르친다. 그러면 지속적으로 부를 쌓을 수 있다는
것이다.[113]

자녀가 매달 정한 금액을 저축할 때마다, "이건 너 자신에게 주는 상
이야. 정말 잘 살았어. 정말 잘하고 있어. 최고야!"라는 칭찬으로 엄마
가 자녀에게 보상해주자. 그러면 자녀는 자신감과 성취감을 느낄 것
이다. 이것은 저축을 지속하는 힘이 된다. "너는 부자의 씨앗을 심고
있어. 너는 부자가 될 거야"라는 말과 함께라면 더 좋다. 자녀의 잠재

의식에 부의 씨앗을 동시에 심는 것이다.

매달 수익의 일부를 저축하라

매달 수입의 20퍼센트를 저축하도록 한다. 목표는 저축습관 기르기다. 저축 금액이 늘어날수록 부의 속도는 더 빨라진다. 단, 목표로 가는 과정이 즐겁고 행복해야 한다. 수입의 20퍼센트를 저축한다고 생활이 어려워지는 것은 아니다. 힘들게 저축하지 않아도 된다는 말이다.

> 아주 이상한 이야기 하나를 해드리겠습니다.
> 나는 내 수입의 10분의 9만으로 살았지만 생활은 예전과 달라지지 않았습니다.
> 오히려 예전보다 궁핍하지 않았습니다.
> 그때부터 돈을 훨씬 쉽게 벌 수 있었습니다.
> 그 이유는 모르겠습니다.[114]
>
> 바빌론 부자 아카드

아카드는 부자가 되기 위해 바빌론 최고 부자 알가미쉬에게 찾아간다. 부자는 아카드에게 수입의 10퍼센트를 저축하라고 조언한다. 아카드는 배운 대로 실천하여 저축습관을 만들었다. 마침내 부자가 된 그는 다른 사람들이 부자가 되도록 도와주는 삶을 살게 된다.

그가 저축을 하고 나서 돈을 쉽게 벌 수 있었던 이유가 바로 '최소 노력의 법칙'이다. 최소한의 노력으로 즐겁게 저축하며, 물 흘러가듯 살아가면 자연스럽게 최상의 성과를 얻게 된다. 최소의 노력이면 된다.

일단 저축습관이 잡히면 금액을 조금씩 늘린다. 유대인 스타인 씨처럼 50퍼센트 이상을 저축한다면, 통장에 늘어가는 잔고에 비례하여 부자 되는 속도는 빨라진다. 단, 1단계 목표는 즐겁고 재미있게 저축하는 습관 만들기이다!

복리의 마법

유대인 부모는 복리 개념을 가르친다. 마법 같은 복리의 힘을 알기 때문이다. 유대인은 복리 계산법을 이해하고, 활용하여 놀라운 부를 성취해왔다. 복리의 법칙은 최소 노력의 법칙과 같다.

> 인류가 발견한 가장 위대한 수학적 발견이 바로 복리 계산이며,
>
> 이는 세계 8대 불가사의다.
>
> 아인슈타인

산에 도토리 하나를 심으면 숲이 된다. 씨앗이 열매가 되고, 열매는 또 다른 씨앗을 품고 있다. 이렇게 계속 번성해 나간다. 인류도 마찬가지다. 자연에는 한계가 없다. 자연은 복리의 법칙, 즉 최소 노력의 법칙대로 움직이고 있다. 힘들이지 않고도 꽃을 피우고, 숲을 이룬다. 물질세계의 돈도 마찬가지다. 최소 노력의 법칙, 즉 복리의 힘을 이해하고 활용하면 누구나 부자가 될 수 있다.

워런 버핏도 복리의 마법으로 세계적인 부자가 되었다. 처음에 원금으로 투자한 자산에서 수익금이 발생한다. 원금과 늘어가는 수익금을 합하여 장기 투자를 하면 시간이 지날수록 (그의 표현을 빌리자면) 가치가 "큰 눈덩이처럼 커진다."

> 복리는 언덕에서 눈덩이를 굴리는 것과 같다.
> 작은 덩어리로 시작해 끝에 가서는 큰 눈덩이가 된다.
> 워런 버핏

돈을 투자할 때 원금과 이자를 중간에 찾지 않고 계속 불려나가면 이자에 또한 이자가 붙으면서 시간이 지날수록 거금이 된다. 처음에는 증가 속도가 더뎌서 답답하게 느껴지지만 신뢰하고 인내하면 충분한 시간 후에는 급격하게 가치가 증가하는 원리이다. 진짜 시간이 돈인 셈이다.

복리의 비밀을 알지 못하는 사람들은 초기 변화가 미비하기 때문에 중간에 포기한다. 그리고 단시간 내 수익을 내는 투자처로 옮긴다. 빨리 부자가 되고 싶은 조급한 마음과 복리의 마법을 이해하지 못하기 때문이다.

홍익희 교수에 따르면 옛날, 복리 개념이 외부로 알려지기 전부터 유대인은 복리의 힘을 알고 있었다. 그들은 복리 계산법을 가문의 비밀로 전승했다고 한다.

— 유대인들은 시간과 복리에 대한 명확한 인식을 갖고 있었다. 시간과 복리에 있어 가장 중요한 개념은 돈이 돈을 버는 것이 아니라 시간이 돈을 번다는 것이다.[115]

유대인은 복리의 힘을 활용하여 부를 대물림한다. 예를 들어, 할아버지의 종신보험을 자녀에게 그리고 손자에게 물려준다. 피보험자를 바꾸면서 상속되는 보험은 대를 지날수록 큰돈이 된다.

　유대인은 복리의 원리를 자녀들에게 교육하고, 자녀들은 배운 것을 적용하여 자산을 관리한다. 지식에 머무르지 않고, 직접 활용하여 복리의 힘을 몸소 느낀다. 그들은 자신이 체험한 복리의 법칙을 적용하여 자산을 운용할 뿐 아니라, 자신의 자녀에게도 전수할 것이다. 대대로 대물림되는 유대인 부자의 원리이다.

순수하게 나누라

경제는 나 같은 부자를 더 부자로 만들어주지만
가난한 사람에게는 작동하지 않기에 기부가 필요하다.
워런 버핏

— 마크 저커버그 부부 52조 원 기부 밝혀

마크 저커버그(31) 페이스북 창업자와 그의 부인인 소아과 전문의 프리실라 챈(30)이 자신들이 살아 있는 동안 페이스북 지분 중 99%를 자선사업에 기부할 것이라고 밝혔다. 페이스북 지분 99%는 시가로 따져 450억 달러(약 52조 원)이다.

저커버그 부부는 1일(현지 시간) 페이스북을 통해 딸 '맥스'가 태어났다고 밝히면서 맥스에게 보낸 편지를 통해 이 같은 기부 계획을 공개했다. 저커버그 부부는 '챈 저커버그 이니셔티브'라는 자선회사를 세운 뒤 자신들의 주식을 이 회사에 기부할 예정이다. 이 회사의 초기 사업은 개인화된 맞춤형 학습, 질병 치료, 사람들 연결하기, 강한 공동체 만들기 등에 초점을 맞추게 된다.

저커버그 부부는 딸에게 보낸 편지에서 "모든 부모처럼 우리도 네가 지금보다 더 나은 세상에서 자라기를 바란다. 사람들이 더 살기 좋은 곳으로 만들기 위해 노력하겠다"며 기부 동기를 설명했다. 또 "사람들이 잠재력을 실현하도록 돕고 평등을 장려해야 한다"면서 "너를 사랑해서이기도 하지만, 다음 세대 모든 어린이를 위한 도덕적 의무이기도 하다"고 말했다.

세계의 명사들은 저커버그의 기부 계획에 찬사를 보냈다. 마이크로소프트(MS) 창업자인 빌 게이츠의 아내 멜린다는 "당신들이 보인 모범은 우리와 전 세계에 영감이 될 것'이라며 "맥스와 오늘 태어난 모든 아이는 더 나은 세계에서 자라날 것"이라고 말했다.

게이츠 부부는 '빌 앤드 멜린다 게이츠 재단'을 통해 자선사업을 펼치고 있다. 부부는 자신들의 재산 95%를 재단에 기부키로 했고, 현재 재단에 쌓인 기부금은 410억 달러(약 47조6000억 원)에 이른다.

게이츠 부부와 함께 기부 문화 확산에 힘써온 '투자의 귀재' 워런 버핏 버크셔 해서웨이 회장은 "두뇌, 열정, 이런 규모의 자원이 합해져 수백만 명의 삶을 바꿀 것"이라며 "미래 세대를 대신해 그들에게 감사한다"는 내용의 성명을 발표했다. 버핏 역시 자신의 재산 99%를 기부하겠다고 선언한 바 있다.

2015년 12월 2일자 중앙일보에 가슴을 따뜻하게 하는 기사 하나가 실렸다. 딸 맥스의 탄생 소식을 알리며, 아빠가 된 마크 저커버그가 약

52조를 기부하겠다고 밝힌 내용이었다. 그와 아내의 이름을 딴 자선 회사를 세워 다음 세대를 위한 사업들을 해나갈 계획이다. 기사에는 딸 맥스에게 보내는 편지 내용 일부가 공개되었다.

"너를 사랑해서이기도 하지만, 다음 세대 모든 어린이를 위한 도덕적 의무이기도 하다."

젊은 유대인, 부자 아빠의 통 큰 기부는 다른 기부왕들의 찬사를 받는다. 기사에는 다른 두 명의 기부왕이 등장한다. 빌 게이츠와 워런 버핏이다. 빌 게이츠는 전 재산의 95퍼센트, 워런 버핏은 99퍼센트를 기부하기로 밝힌 바 있다.

다른 세대, 같은 꿈을 꾸다

- 워런 버핏: 1930년생
- 빌 게이츠: 1955년생
- 마크 저커버그: 1984년생

세 명의 기부왕들은 나이 차이가 좀 난다. 마크 저커버그와 빌 게이츠가 29년 차이, 빌 게이츠와 워런 버핏이 25년 차이가 난다. 저커버그와 버핏은 총 54년 차이가 나는 거다.

기부에 대한 그들의 관점을 살펴보자.

마크 저커버그: 지금보다 더 나은 세상에서 자라기를 바란다.

빌 & 멜린다 게이츠: 맥스와 오늘 태어난 모든 아이는 더 나은 세계에서 자라날 것이다.

워런 버핏: 두뇌, 열정, 이런 규모의 자원이 합해져 수백만 명의 삶을 바꿀 것이다.

세 기부왕은 각자 다른 세대에 속해 있다. 그러나 그들은 같은 꿈을 꾸고 있다. '다음 세대가 살아갈 더 나은 세상'에 대한 꿈 말이다.

유대인 = 기부 왕

'부자' 하면 유대인인 것처럼, '기부' 하면 유대인이다. 미국의 경제주 간지 〈비즈니스위크Business Week〉가 해마다 발표하는 '올해 최고 기부자 50명' 명단에 2006년에는 15명, 2008년에는 16명의 유대인이 이름을 올렸다.

미국 전체 인구의 2퍼센트에 불과한 유대인. 미국 최고 기부자 명단에 오른 그들의 존재감은 놀랍다. 약 30퍼센트가 유대인이다. 유대인 부자 가문의 가훈을 살펴보면 한 가지 공통점이 있다. 그 가훈에는 반드시 자선과 기부가 포함된다는 사실이다.

우선, 두 개념의 의미부터 살펴보자. 자선은 사전적으로 '남을 불쌓히 여기고 도와줌'이라는 의미다. 기부는 '자선을 위해 돈이나 물건을 대가 없이 내놓는 행동'이다. 주는 사람의 일방적 희생과 헌신에 가까운 느낌이다. 대부분 같은 느낌, 같은 생각을 갖고 있을 것 같다. 하지만 유대인은 '나눔'에 대해 다른 관점으로 바라볼 것 같은 예감이 든다.

유대인은 전 세계 인구의 0.2퍼센트에 불과하다. 그런데 그들이 세상을 움직인다. 그들의 특별한 기부문화에 '세계를 움직이는 힘'의 비밀이 있는 것은 아닐까. 유대인에게 '나눔'은 어떤 의미일까.

유대인 엄마는 10퍼센트 자선을 목숨처럼 지키고 가르친다. 아이는 걷기 전부터 엄마 손을 잡고 집집마다 있는 기부 저금통에 동전을 넣는다. 그들에게 기부는 호흡과도 같다.

> **기부는 부의 창출을 이루게 하는 방법으로, 연금술의 비법과도 같다.**
> 다니엘 라핀

유대인 엄마는 나눔의 법칙의 위대한 힘을 안다. 그녀 또한 자신의 부모에게서 항상 들어왔기 때문이다. 나눔의 효과는 수천 년 동안 축적되고 기록된 유대인의 경험으로 이미 검증되었다. 그들에게 기부는 노예의 삶에서 주인의 삶으로, 받는 자에서 베푸는 자로, 세상에서 가장 가난한 민족에서 가장 부유한 민족으로 바꾼 연금술이었다.

— 유대교 전통에 따르면 자선은 하늘의 부정적인 명령까지도 바꿀 수 있다고 되어 있다. 유대 사회에서 자선은 단순히 세상과 내 주변 사람들을 향상시키는 정도에 그치지 않는다. 자선을 통해 스스로 향상된다는 사실을 깨닫게 되면 놀라움을 감출 수가 없다.[116]

나눔은 세상을 바꾸고, 주변 사람들을 바꾸고, 나를 변화시키는 연금술과도 같다. 놀라운 힘이다.

나눔의 마법 : 베풀면 더 많이 돌아온다

> 돈을 벌고 베풀면 더 많은 돈이 들어온다는 것이
> 유대인들이 목숨처럼 지키고 대물림해온 불변의 공리였다.
>
> 셀소 쿠키어콘

유대인 부모는 나눔의 비밀을 알고 있다. 자녀에게 원하는 것이 있으면 먼저 베풀라고 교육한다. 나눌수록 더 많이 들어오는 우주의 이치를 알고 있기 때문이다. 그리고 나눔이 주는 정신적 유익 또한 엄청나다는 사실을 안다.

— 영혼과 마음을 주세요. 주고 싶을 때는 언제라도. 그리고 주는 것과

받는 것의 차이를 알려면 주고 또 주는 법을 배워야 해요.

보아즈 샤라비라는 유대인 대중음악 작곡가의 노래 가사다. 재미있게
도 대중가요에 유대인 돈의 법칙이 들어 있다. 영혼의 법칙인 듯 돈의
법칙이기도 하다. 쿠키어콘은 '받음의 보편적 원칙'은 '받으려면 먼저
베풀어야 하는 것'이라고 정의한다. 돈을 나누라! 그리하면 당신은 부
자가 될 것이다!

부자가 되려면 기부하라

"많이 얻고 싶으면, 많이 주라!"
유대인의 역설적 아이디어는 강력하다. 많이 갖고 싶으면 절대 새어
나가지 못하도록 지켜야 하는 게 상식 아닌가? 그런데 전혀 합리적이
지 않고, 논리적이지도 않은 나눔의 법칙이 유대인들에게는 진리다.
그들은 나눔을 생명처럼 지키고 자녀들에게 가르쳐왔다. 왜 그랬을
까? 그저 가난한 사람을 돕는 것이 옳은 일이기 때문이었을까?
　"얻으려면 먼저 베풀라."
　유대인에게 나눔의 법칙은 합리 너머의 더 큰 합리이자, 논리 너머
의 더 완벽한 논리다. 일기예보 같은 확률게임이 아니다. 이것은 100
퍼센트 적용되는 자연의 법칙이다. 씨를 심으면 새싹이 나고 꽃이 피

고 열매가 열리듯 말이다. 한 치의 오차도 없이 우주가 돌아가는 원리이다.

유대인들은 나눔의 법칙에 대한 완벽한 검증을 마쳤다. 그들은 수천 년 동안 쌓인 나눔에 관한 데이터베이스를 보유하고 있다. "먼저 주면 더 많이 돌아온다"는 사실이 경험으로 증명되었다. 돈을 기부하면 더 많은 돈을 얻는다. 유대인들은 이를 뒷받침하는 사례들로 둘러싸여 있다. 지금 이 순간에도 계속 쏟아지고 있다. 나눔의 힘을 뒷받침하는 결과들을 그들은 가족들에게서, 친구들에게서 매일 듣고, 직접 경험하고 있다.

> 어떤 사람이 기부하는 것을 보면 그 사람의 부가 늘어나리라는 것을 확신하라
>
> 잠언

역설적 부의 법칙은 과연 진리일까? '나눔의 법칙' 즉, "얻으려면 먼저 베풀라. 그러면 더 많이 얻을 것이다"를 증명할 수 있을까? 물론 그렇다. 멀리 갈 것도 없다. 세계적 기부왕인 워런 버핏과 빌 게이츠, 그들은 기부 후 정말 더 많은 돈을 얻게 되었을까?

2006년 500억 달러였던 빌 게이츠의 재산은 2019년 기준 1,074억 달러(126조 8,394억원)로 추정됐다. 2006년 420억 달러였던 워런 버핏의 재산은 2018년 825억 달러로 증가했다. 지금까지도 여전히 매년 거액을 기부하고 있다. 버핏은 워싱턴 대학에서 이런 내용의 강연을

하기도 했다.

"저는 제가 가진 것의 99퍼센트를 사회에 되돌려주어야 한다고 생각합니다. 그동안 저를 포함한 우리 가족은 이 사회로부터 특별한 대우를 받으며 살아왔습니다. 제가 다른 시대에 태어났더라면 맹수의 한 끼 식사가 되었을지도 모를 일입니다. 저는 달리기를 잘하지 못하니까요. 하지만 시장 경제, 특히 거대 자본주의 경제에 대한 적응력만큼은 누구에게도 뒤지지 않았습니다. 운이 좋아서 이 사회에서 누구보다도 커다란 성과를 손에 넣었습니다. 그러니 그동안 살아오면서 경험한 즐거웠던 기억들만 남기고 나머지 것들은 사회에 돌려주는 것이 옳습니다. 제가 이 자리에 서게 된 것은 저를 둘러싼 거대한 사회 덕분이며, 그 속에서 제가 잘 적응했기 때문입니다. 따라서 제가 이룬 모든 것을 사회로 되돌리는 것이 마땅합니다."[117]

우주 에너지를 끌어오는 마법

유대인은 수입의 10퍼센트를 나누는 일에 쓴다. 십일조라는 개념이다. 유대인들은 수천 년 동안 십일조를 목숨처럼 지켜왔다. 쿠키어콘은 십일조 덕분에 나머지 90퍼센트가 진정한 축복으로 변하여 더 많은 수입을 창출하게 된다고 말한다. 10을 기부하면 나머지 90이 축복을 받는다고 믿는 것이다. 이때 더 큰 부가 삶 속으로 흘러들어오게

된다. 쿠키어콘은 이것이 '우주의 질서'라고 말한다.[118] 《더 해빙》의
저자 이서윤은 '상생'이라는 개념으로 우주의 질서를 설명한다.[119]

"상생이란 내가 먼저 베풀면 우주의 에너지가 돌고 돌아 나에게 더
큰 행운으로 돌아온다는 의미예요."

나눔은 돈의 에너지를 높인다

유대인은 돈을 에너지라고 생각한다. 그들에 의하면 돈의 에너지는
우리 주변을 흐르고 있다. 가정에도 흐르고 사업체에도 흐른다. 거래
가 일어날 때도, 보이는 물질세계에서는 돈이 오고 가지만, 보이지 않
는 세계에서는 에너지의 흐름이 있는 것이다. 각자가 속해 있는 사회
도 마찬가지다. 우주 전체에 에너지가 흐르고 있다. 돈의 에너지는 주
인의 의도에 따라 긍정적이 될 수도 있고, 부정적이 될 수도 있다.

당신은 당신의 돈에 어떤 마음을 담을 것인지 선택할 수 있다. 돈
에 순수한 마음을 담으면 더 높은 에너지로 바꿀 수 있다. 기부는 돈
을 한 차원 더 높은 에너지로 바꾸는 방법이다. 쿠키어콘은 바로 이때
"사회적으로 더 나은 세상이 창조될 수 있다"고 말한다. 기부는 돈에
창조 에너지를 충전하는 것이다. 기부하는 돈은 세상을 더 좋게 만드
는 에너지로 작용한다.

세상에서 가장 훌륭한 유산

기부를 통해 돈의 에너지를 높이며, 더 나은 세상을 창조한 부자가

있다. 세계 최고의 억만장자 록펠러의 아들, 록펠러 2세이다. 115년 전 〈코스모폴리탄〉에 이런 제목의 글이 실렸다. '그는 그것을 어떻게 이용할 것인가?' 당시 세계 최고의 부자 존 록펠러가 남긴 어마어마한 유산을 받을 아들의 선택을 궁금해하는 내용이었다.[120]

유산은 전 세계를 바꿀 수 있을 만큼 거액이었다. 그 아버지에 그 아들이라고 했던가. 아들은 세계 최고 부자 아버지가 늘 하던 말을 가슴으로 새겼다. 아버지의 가르침대로 아들은 거액의 유산을 '나눔'으로 더 나은 세상을 만들기로 선택한다.

> 나는 사람이 돈 때문에 행복을 얻는 것이 아니며
> 행복은 단지 다른 사람을 도움으로써 얻게 되는 느낌이라고 믿는다.
> 존. D. 록펠러

그는 아버지가 세운 자선 기관을 통해 자선사업을 성공적으로 이끌었다. 1910년, 섬 하나를 사서 자연을 보호하면서 사람들이 다닐 수 있는 시설을 만드는 데 기부했다. 이후 이 아카디아 국립공원을 국가에 헌납한다. 그 외에도 수많은 자연보호 및 자선사업을 진행했다. 그는 돈 에너지의 비밀을 알고 있었다. 돈에 대한 잘못된 결정이 사회를 망칠 수도 있기에 모든 투자를 신중하게 고려한 후 진행했다.

> 건강한 삶의 비결은 사심 없이 주는 데 있다.

> 돈은 나쁜 일에도 쓸 수 있고,
>
> 사회와 우리 삶을 건강하게 하는 데도 쓸 수 있다.
>
> 존 록펠러 2세

그의 현명한 결정은 돈의 에너지를 높여 더 나은 세상을 창조했다. 이렇듯 기부는 돈의 가치를 의식주를 해결하는 낮은 차원에서 위대한 차원으로 바꾼다.

아버지로부터 물려받은 나눔의 정신은 거액의 돈보다 더 가치 있는 유산이 되었다. 기부를 통해 '함께 누리는 진정한 행복'이라는 유산을 아들에게 남긴 것이다. 세상에서 가장 훌륭한 유산이다. 자선사업은 록펠러 가문의 부의 가치를 높였다.

> 자선사업은 부의 가치를 더욱 빛내 준다.[121]
>
> 쑤린

게임이론: 이상적인 세상

나눔의 법칙을 경제학적으로 바라보는 유대인 노벨경제학 수상자가 있다. '게임이론'의 대가, 로버트 아우만 교수다. 그가 말하는 "내가 원하는 것을 얻기 위해, 그가 원하는 것을 먼저 주는 것"[122]이 공통지식이 되면 서로 협력하는 평화로운 세상이 된다. 결국 내가 먼저 주는 것이 나에게 가장 이익이 되는 것이다. 합리적 사고를 통해 이것이 가장 합리적 방법임을 깨닫게 된 사람들에게서 협력을 끌어내기는 쉽다.

나를 위한 행동이 상대방을 위하는 것이고, 상대방을 위한 행동이 다시 나를 위하는 것이 된다. 나눔의 법칙은 모두가 하나되어 함께 잘 사는 세상을 만들어가는 방법이다. 전쟁이 없는 평화로운 세상 말이다. 그들은 경제학을 해도, 수학을 해도 더 나은 세상 만들기가 목적이다.

> 나눔은 비용이 아니라 모두가 행복해지기 위한 가장 확실한 투자다.
>
> 전 브라질 대통령 룰라 다 실바

괴테는 "주는 것은 부자의 의무"라고 말했다. 유대인은 "받으려면 먼저 베풀라"고 한다. 둘의 차이점은 무엇일까? 괴테는 '주는 것'은 부자들이 해야 하는 행위라고 생각한다. 그러나 유대인에게 '주는 것'은 의무이기 이전에 권리이다.

나눔은 먼저 '나를 위해서' 하는 것이다. '내가 받으려면' 먼저 상대방이 원하는 것을 주어야 한다. 이때 자연스럽게 '나를 위함'이 '너를 위함'으로 승화한다. 궁극적으로 '우리를 위함'이며, '더 나은 세상을 위함'이 된다.

내가 사랑받기를 원하면, 상대를 더 사랑해주고 내가 좋은 결과를 얻으려면, 상대가 먼저 더 좋은 결과를 얻도록 도와주고 내가 행복하려면, 상대가 먼저 더 행복하도록 도와주고 내가 부자 되고 싶으면, 상대가 더 부유하도록 도와주고 내 자식이 잘되길 바라면, 상대의 자식이 더 잘되도록 도와준다면 상대도 행복하고 나도 행복하다.

유대인들에게 나눔의 법칙은 모두가 행복한, 더 나은 세상을 만드는 방법이다.

매력적인 아이 키우기

앞서 더 나은 세상을 만드는 나눔의 힘과 원리를 살펴보았다. 유대의 전통은 세상은 큰 인간, 인간은 작은 세상이라고 말한다. 나눔이 세상을 변화시키는 것처럼, 작은 세상인 '나'의 변화와 성장을 이끄는 강력한 힘이기도 하다. 자녀를 더 훌륭한 인물로 변화시키는 매력적인 나눔의 힘을 살펴보자.

> 유대인들이 아는 한, 자선을 베푸는 것만큼 스스로에게 힘을 주고
> 더 나은 사람으로 변화시키는 강력한 무기는 없다.
>
> 셀소 쿠키어콘

기부하는 뇌

기부를 할 때 아이는 정서적으로 만족을 느끼고, 자존감이 상승한다. 그 순간 뇌에는 어떤 일이 일어날까? 신경과학계 연구 결과에 따르면 기부할 때 뇌의 특정 부위가 활성화된다. 부모님께 보상을 받거나, 선생님께 칭찬을 들었을 때 자극을 받는 부위이다. 보상과 칭찬을 받으며 자란 아이는 자신감 넘치며 자존감이 높다. 기부는 같은 효과를 가져온다.

> 우리가 남을 이롭게 하는 행동을 하면
> 뇌가 삶의 목적과 기쁨을 느끼게 해준다.[123]
>
> 애덤 그랜트

유대인 아이들은 감사한 일이 생겼을 때, 하브루타 하기 전, 밥 먹기 전 등 하루에 수시로 기부 저금통에 동전을 넣는다. 그때마다 자녀의 행복감과 자존감은 커진다.

기부는 부자의 뇌를 활성화한다. '푸시케'라는 기부 저금통에 동전을 넣는 순간 자녀의 전두엽에서는 옥시토신이 분비된다. 옥시토신은 애정·신뢰감을 느끼게 하는 호르몬으로, 자녀는 이를 통해 사회적 유대감과 행복을 느낄 수 있다.

> **자선만으로는 세계의 문제를 해결할 수 없다는 것, 물론 잘 알고 있습니다.**
> **하지만 기부가 우리의 선한 마음을 더 북돋아주고**
> **진정한 리더십을 만든다고 믿습니다.**
> 아서 블랭크

나누는 아이, 당당한 아이

기부 습관은 돈의 집착에서 벗어나게 해준다. 저금통에 동전을 넣는 순간, 아이는 그 돈이 더는 자신의 소유가 아님을 인정하게 된다. 기부로 돈을 흘려보낼 때마다 아이는 돈에 대해 초연한 태도를 배운다. 돈에 얽매이지 않는 자유로운 마음은 자녀를 진정한 리더십을 갖춘 부자로 만든다. 자유함은 담대함으로 이어진다.

돈으로부터 자유로운 영혼만이 가질 수 있는 부자의 자질이 바로 담대함이다. 기부 습관은 자녀를 담대함을 갖춘 매력적인 리더로 만든다. 매력은 사람들을 끌어당기고, 부와 성공을 끌어당기는 힘이다. 정글북의 작가이자 시인, 러디어드 키플링의 시 〈만일〉의 일부를 소개한다. 열두 살을 맞이한 아들을 향한 노벨문학상 수상자 아빠의 바람을 담은 시이다.

— 만일

만일 인생의 길에서 성공과 실패를 만나더라도

그 두 가지를 똑같은 것으로 받아들일 수 있다면,

네가 말한 진실들이 왜곡되어 바보들이 너를 욕하더라도

너 자신은 그것을 참고 들을 수 있다면,

그리고 만일 너의 전 생애를 바친 일이 무너지더라도

몸을 굽히고서 그걸 다시 일으켜 세울 수 있다면,

한 번쯤은 네가 쌓아 올린

모든 걸 걸고 내기를 할 수 있다면,

그래서 다 잃더라도 처음부터 다시 시작할 수 있다면,

그러면서도 네가 잃은 것에 대해

침묵할 수 있고 다 잃은 뒤에도 변함없이

네 가슴과 어깨와 머리가 널 위해 일할 수 있다면,

설령 너에게 아무것도 남아 있지 않는다 해도

강한 의지로 그것들을 움직일 수 있다면,

…

그렇다면 세상과 그 안의 모든 것이 너의 것이며,

너는 비로소 한 사람의 어른이 되는 것이다.

'나눔의 법칙'으로 기부습관 길러주기

세계를 움직이는 힘의 비밀은 그들만의 특별한 기부문화에 있었다. 담대한 부자들을 탄생시킨 유대인 부자교육의 핵심은 '나눔'이다. 유대인들은 어떻게 자녀의 기부습관을 길러줄까?

"내가 원하는 것을 얻으려면, 상대가 원하는 것을 먼저 주어라. 더 많이 받게 될 것이다. 단, 받기 위해서 주어서는 안 된다. 기쁜 마음으로 먼저 주어라."

자녀에게 기부란 돈의 씨앗, 성공의 씨앗을 심는 일임을 알려준다. 그리고 더 많이 돌려받게 되는 자연의 법칙을 설명해 준다.

"무언가를 바란다면, 먼저 그걸 베풀어봐."

디팩 초프라는 부모들에게 베풂의 법칙을 자녀에게 가르치라고 조언한다. 그는 "성공은 자연의 섭리를 따르는 것에 달려 있다"며 나눔(베풂)의 법칙은 부의 비밀을 품고 있다고 말한다.[124]

유대인은 '나눔'이 품고 있는 부의 비밀을 알았던 것이다!

순수한 마음으로 나눔을 즐기라

성공적 유대인 부자교육의 핵심은 기부이다. 나눌수록 더 많이 얻게 되는 것은 우주의 법칙이다. 유대인 부모는 가정의 기부문화를 만든다. 자녀들은 집에 마련된 쩨다카 저금통에 하루에도 몇 번씩 동전을 넣는다. 밥 먹기 전, 감사한 일이 있을 때, 하브루타를 하기 전에도 넣는다. 그리고 수입의 십분의 일은 반드시 가난한 자들과 나눈다.

단, 이때 주의할 점이 있다. 베풀 때의 마음 상태가 중요하다. 순수한 마음이어야 한다. 받기 위해 이기적인 마음으로 주려고 한다면 나눔의 힘을 잃게 된다. 유대인들은 베풀 때의 기쁨과 순수한 마음을 절대 잃지 않는다. 베푸는 행위를 즐겨야 한다. 따라서 유대인 엄마는 자녀가 기부한 후 느끼는 순수한 기쁨에 공감을 표해준다.

"정말 잘했어! 기분이 어떠니?"

《부의 시크릿》의 저자 마담 호 역시 보답을 바라지 않고 진심으로 베풀어야 한다고 조언한다. 그녀가 만난 세계 대부호들은 나눔의 법칙을 적극 실천하여 부를 이루었다. 진정성이 담긴 작은 친절은 상대로 하여금 감사하는 마음과 더불어 빚진 느낌을 갖게 한다. 그녀는 이런 마음들이 쌓여 언젠가는 필연적으로 베푸는 사람에게 좋은 일이 생길 것이라고 말한다.[125]

유대인 부모는 어려서부터 자녀의 기부 습관을 길러준다. 유대인은 나눔의 비밀을 활용하여 진정한 부를 끌어당긴다. 베푸는 순간의 마음 또한 순수하다. 나눔의 씨앗을 심으면 미래에 몇 배가 되어 돌아올 것을 알지만, 무언가를 바라고 기대하는 마음은 없다. 어려서부터 배운 덕분이다.

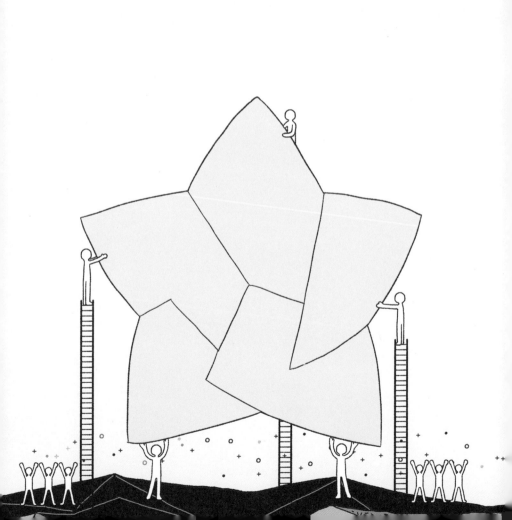

순수한 마음으로 나누기!

이것이 바로 유대인이 세계를 움직이는 힘의 비밀이다.

"나누라. 그리하면 더 얻을 것이다."

"크게 나누라. 그리하면 세계를 움직이는 부를 얻을 것이다."

즐기며 투자하라

돈은 버는 것이 아니라 불리는 것이다.
탈무드

1. 도전하며 많은 돈을 벌어서,

2. 현명하게 쓰고,

3. 재미있게 저축하고,

4. 순수한 마음으로 나누기

위 네 가지 돈의 법칙만 꾸준히 실천해도 안정된 삶을 살 수 있다. 하지만 유대인 부자교육의 목표는 단순히 '안정'이 아니라 '자유'다. 유대인은 물질적, 정신적 자유를 원한다. 진정한 행복은 자유가 전제되어야 한다. 노예에게는 자유가 없다.

유대인은 인류 역사상 가장 오랫동안 노예의 삶을 산 민족이다. 수천 년 전, 이집트 노예 생활부터 시작해서 제2차 세계대전 홀로코스트까지 비참한 세월을 견뎌야만 했다. 노예의 삶이 죽음만큼 고통스러웠기에, 그들에게 자유는 생명처럼 소중하다. 유대인에게 자유는 주인의 권리이다. 절대로 빼앗겨서는 안 된다. 아니면 다시 비참한 노예 생활로 돌아가야 한다. 당신은 돈의 주인인가, 돈의 노예인가?

투자는 자유로 가는 관문

유대인 비즈니스 전문가 다니엘 라핀은 수입의 일부를 투자하라고 말한다. 그에 의하면 투자는 돈의 주인이 되는 길인 동시에, 부의 창출을 극대화할 수 있는 가장 좋은 방법이다.

— 잠재수익을 극대화하기 위해서, 그리고 더 많은 부를 당신의 주머니에 쌓기 위해서 가장 좋은 방법은 그렇게 열심히 일해 번 돈 중 일부를 꺼내 당신 주변을 맴돌게 하고 통제하는 것이다.[126]

유대인 부모는 자녀가 돈의 노예가 아닌, 주인이 되도록 교육한다. 부자교육의 다른 말은 '주인 되기' 교육이다. 돈의 주인, 삶의 주인, 생각의 주인, 감정의 주인. 진정한 부자는 삶의 모든 면에서 주인이다. 좋은 주인이 노예를 잘 다스리는 것처럼, 부자는 돈을 다루는 법을 안다. 그들은 돈을 위해서 일하지 않고, 돈이 돈을 벌어오도록 한다. 즉,

투자가의 삶을 사는 것이다.

부자의 관점

어떤 사람은 세상의 변화를 '기회'로 보고, 어떤 사람은 '위기'로 본다. 어떤 사람은 새로운 도전에 '설렘'을 느끼고, 어떤 사람은 '두려움'을 느낀다.

부자는 자신만의 특별한 관점으로 세상을 본다. 남들이 보지 못하는 것을 본다. 그들의 눈에는 부의 기회가 보인다.

> **다르게 생각하라. Think Different.**
> 스티브 잡스

'나눔'은 인간이 할 수 있는 가장 선한 행위이다.
'투자'는 인간의 욕심을 따르는 위험한 행위이다.
기부와 투자를 바라보는 일반적인 관점이다. 한 마디로 기부는 긍정적인 것, 투자는 부정적인 것이다. 그러나 관점을 바꾸면 상황이 바뀌고, 세상이 바뀐다. 관점을 바꾸면 위기 속에서 성공의 기회를 발견한다. 유대인은 투자에 대해 완전히 다른 관점을 갖고 있다.

투자 = 기부

유대인은 '나눔'에 특별한 의미를 부여한다. 기부는 사람과 세상을 살리는 가장 아름다운 경제 행위다. 유대인은 기부를 통해 사회 정의를 실현한다. 나눔에 놀라운 부의 비밀이 있다. 유대인은 기부의 비밀을 알고 탁월한 부와 성공을 성취했다. 그런데 더욱 놀라운 사실이 있다.

유대인은 투자가 기부와 같다고 생각한다는 것이다. 그들에게 투자는 선한 경제 행위이다. 늘 그렇듯 유대인은 상식을 뒤엎는 발상을 한다. 투자란 나를 위한 것, 다시 말해 지극히 이기적인 행위인 반면 기부란 다른 사람을 위한 것, 즉 지극히 이타적인 행위가 아닌가! 상식선에서 극과 극을 달리는 두 개념이 하나라니! 도대체 어떤 점에서 같다는 말인가?

> **돈은 선한 자에게는 선을 부르고, 악한 자에게는 악을 부른다.**
> 유대 격언

투자는 돈이 돌게 하여 세상을 살린다

유대인은 돈이 이동할수록 돈의 가치는 무한히 커진다고 생각한다. 그들은 돈 거래가 많이 일어날수록 사람들이 더 행복해지고, 더 부자가 되리라 믿는다. 행복과 풍요로움에는 한계가 없다. 우리 몸에 흐르는 피처럼 돈의 순환은 사람들의 삶에 생기를 불어넣는다. 하지만 반대로 돈이 이동하지 않으면 경제는 무너진다. 모두가 살기 힘든 세상이 되는 것이다.

> 돈과 인연이 없는 사람은 어떻게 해서든 돈을 가둬두려고 하네.
>
> 그렇지만 그것은 밥을 잔뜩 먹고 화장실에 가지 않는 것과 같네.
>
> 흘러가게 놔두면 풍요로워지는데, 그것을 믿지 못하는 거지.[127]
>
> 유대인 게라 씨

돈은 움직여야 한다. 끊임없이! 계속! 로마제국에 대항하던 시기, 고대 유대인들은 그들이 사용하던 은화 동전을 '주즈'(zuz)라고 불렀다. 히브리어로 주즈는 '움직이다'라는 뜻이다. 동전 자체가 둥근 형태라 계속 움직이기도 하지만, 이러한 어원은 유대인들의 자선을 베푸는 행위와 관련이 있다.

　돈의 흐름이 활발해질수록 부가 창출되고, 더 나은 세상이 된다. 이것이 세상이 돌아가는 원리이다. 이런 의미에서 다니엘 라핀은 돈을 흘려보내는 투자야말로 기부와 같은 선한 행위라고 말한다.

―　이렇게 하는 것만으로도 당신은 이미 경제 전체에 분배되는 서비스 활동에서 부를 창출하고 있다. 단 한 푼도 기부하지 않았어도 여전히 최전선에서 돈을 만들어 사회에 선을 행하고 있다고 할 수 있다.[128]

투자하는 돈은 창조적 에너지를 가진다. 기부와 같다. 돈이 흘러 들어가는 곳마다 또 다른 부를 창출하며 개인과 기업, 나아가 세상을 살린다. 피의 흐름으로 육체의 생명이 유지되듯, 돈은 바깥으로 흘러가 세상 구석구석을 살린다. 그래서 돈은 흘러야 한다. 투자가 기부처럼 선한 이유다.

"부의 증대에 관심이 있는 사람이라면 반드시 가져야 하는 가장 중요한 습관 가운데 하나가 돈을 내놓는 일이다."[129]

이처럼 투자와 기부의 공통점은 돈을 흘려보내는 선한 행위라는 것이다. 물을 흘려보내지 않으면 생명체가 살 수 없는 썩은 물이 되듯이, 돈도 흘려보내지 않으면 죽은 돈이 되어 심각한 문제를 일으킨다. 이것이 워런 버핏 같은 세계적인 부자가 재산의 대부분을 자녀에게 상속하지 않고 사회에 환원하는 이유이기도 하다.

> 돈과 비료는 쌓아 두면 악취가 난다.
> 탈무드

투자는 신의 뜻이다

— 나는 내 손에서 나가는 돈이 사랑과 감사의 시작이기를 바라네. 돈을 감사와 애정의 표현으로 쓰려는 것이지. 그것이 돌고 돌아 다시 내 손으로 들어오기 때문이라네.[130]

유대인 게라 씨의 말이다. 행복한 부자는 행복한 돈을 세상으로 흘려보낸다. 돈의 주인으로서 선한 의도를 담아서 세상 밖으로 보낸다. 순수한 마음을 담아 흘려보낸 돈은 더 큰 흐름이 되어 다시 돌아온다.

들어온 돈을 또다시 흘려보내면서 돈의 흐름은 더 커지게 된다. 이렇게 선순환을 일으키며 자신의 부는 더욱 빠르게 증가되고, 그와 동시에 사람과 기업을 살리게 된다. 더욱 풍요로워지는 세상을 만드는 일이다. 투자도 기부처럼 더 나은 세상을 만든다. 티쿤 올람!

유대인 부모는 돈 흐름의 비밀을 안다. 흘려보내면 모두가 풍요로워진다는 사실을 말이다. 자녀가 어렸을 때부터 기부만큼이나 비중 있게 투자훈련을 시키는 이유기도 하다. 신이 선물로 준 지구를 더 나은 세상으로 만드는 것이 유대인의 사명이다. 따라서 그들에게 투자는 기부처럼 신의 뜻을 이루는 행위이다.

다음은 유대인 부의 원칙에 정통한 일본의 젊은 부자 혼다 켄의 글이다. 그의 글에는 유대인의 돈 철학과 지혜가 묻어난다. 순수한 마음을 담아 투자한 돈이 어떻게 일을 하는지 느껴보자. 투자를 통해 세상과 우리 자신을 발전시키고, 자산의 가치는 올라 진정한 부를 얻게 된다.

— 돈은 물과 같다.

헌신의 전달체, 즉 사랑의 흐름이 될 수 있다.

누군가의 헌신으로 움직이는 돈은 세상과 우리 자신을 발전시킨다.

당신이 인정하는 것의 가치가 오른다.

가진 것에 차이를 만들어낼 때 가진 것은 더 확장된다.

협력은 번영을 만들어낸다.

진정한 풍족함은 충분하게 흐른다.

절대 과하지 않다.

돈은 우리의 의도를 옮긴다.

진정성 있게 돈을 사용하면 그 진정성은 다시 당신에게 돌아온다.

흐름을 알라.

세상에서 당신의 돈이 움직이는 방식에 책임을 져라.

돈에 당신의 영혼을 전하고 돈에 당신의 영혼이 표현되도록 하라.[131]

순수한 의도를 담은 투자

투자도 기부처럼 순수한 마음을 담아야 한다. 부자는 투자에 정통한 사람이다. 한 마디로 부자는 개인적인 돈의 흐름, 즉 돈이 돈을 벌어오도록 하는 시스템을 만드는 데 성공한 사람이다. 투자는 가장 빨리 경제적 자유를 얻는 방법이다. "흘려보내면 더 많이 돌아올 것"이라는 투자의 법칙이다. '나눔의 법칙'과도 같다. 단, 순수한 의도를 가지고 돈을 흘려보내야 한다. 기부와 같은 원리이다.

─── 의도는 에너지와 의식이 목표를 향하도록 한다. 성공, 부, 건강 등

당신의 삶의 목표는 진정성에서 출발한 순수한 의도에 의해 실현 가능해진다.[132]

서른셋의 나이에 젊은 백만장자가 된 키스 캐머론 스미스는 자신의 경험과 세계 1퍼센트 젊은 부자들에게서 배운 부와 성공 비결을 알려준다. 그는 순수한 마음의 중요성을 아래와 같이 언급한다.

순수한 의도를 갖기 위한 체크리스트[133]

- 목표 달성을 기준으로 자신과 자신의 가치, 행복을 평가하지 말라. 목표 달성을 기준으로 삼게 되면 조급함, 집착, 절망 같은 부정 에너지를 증폭시킨다.
- 어떤 일을 할 때 그 일을 왜 하는지를 스스로에게 물어라. 두려움, 집착, 조급함 때문에 그것을 하려고 하는 건 아닐까 하고 말이다.
- 성공과 부를 원한다면 진정 그것을 원하는지 자문하라. 진정 그것을 원한다면 그것을 성취할 자격이 있고 반드시 성취할 것이라고 믿어라.
- 집착, 절박함, 조급함을 버리고 인내하라. 인내의 진정한 가치를 선사할 것이다.

기부할 때의 순수한 마음처럼, 투자할 때도 순수한 의도를 담아야 한다. 돈은 에너지를 실어 나르는 수단이다. 생각과 감정이 곧 에너지다. 투자하는 순간 순수한 의도를 담아야 한다. 긍정의 에너지를 담은 투자금은 좋은 수익률로 이어진다.

> 기분 좋게 돈을 쓰려고 하고 있네.
>
> 내가 사용한 돈이 사랑과 기쁨으로 세계를 여행하면서
>
> 친구를 많이 사귀어 돌아오도록 말이네.
>
> 어떤가? 상상만으로도 즐겁지 않은가.
>
> 유대인 게라 씨

투자는 게임이다

당신에게 투자는 무엇인가? 어떤 사람은 '기회'로 보고, 어떤 사람은 '자본주의의 꽃'이라고 말한다. 어떤 사람은 '투기'로 보고, 어떤 사람은 '미친 짓'이라고 말한다. 당신은 투자에 대한 유대인의 생각을 알았으니, 투자라는 단어가 이전보다는 기분 좋게 가슴으로 다가가길 바란다. 느끼는 감정이 중요하다.

비유의 힘은 크다. 비유를 통해 사물이나 개념을 바라보는 관점이 완전히 바뀔 수 있다. 삶은 축제다 vs. 삶은 지옥이다. 비유 하나만 바꾸었을 뿐인데 삶에 대한 관점과 느낌이 완전히 바뀐다.

— 우리가 하나의 비유를 갖는다는 것은 사고방식과 감정에 영향을 주는 한 세트의 필터를 갖는다는 뜻이다.[134]

투자를 게임이라고 생각하면 누릴 수 있는 심리적인 혜택들이 많다. 어릴 때부터 "투자는 안전하고 재미있는 것"이라고 배운 아이는 투자를 놀이처럼 즐긴다. 이기면 하늘을 나는 듯 신나고, 지더라도 다시 도전하면 된다. 왜냐하면 게임일 뿐이니까. 결과에 대한 집착이 없는 초연함, 그것 자체가 이미 승리를 입증한 셈이다. 삼십 대에 이미 백만장자가 된 혼다 켄은 감정이 머니게임의 승패를 좌우한다고 말한다. 당신은 투자에 대해 어떤 느낌을 갖고 있는가?

— 나는 즐기는 사람들, 즉 자신감을 느끼는 사람들이 항상 게임에서 이기는 것을 보았다. 그냥 게임일 뿐이라고 생각하는 것이다.

…

주고받는 과정 자체를 즐겼던 것이다.[135]

투자에 대한 긍정적 이미지

유대인은 감정의 힘을 최대한 활용하여 최고의 성과를 거둔다. 두려워하면 지는 것이고, 설레면 이기는 것이다. 인생의 길에 즐거움과 기쁨, 행복이 있어야 한다. 이것이 오랜 고난의 역사를 간직한 유대인들이 부와 성공을 이룬 방식이자 생존 방식이었다. 가장 기뻐할 때, 지적 능력이 가장 높아진다. 잠재 능력도 최대한 발휘된다. 그들은 감정의 힘을 활용하여 즐기며 행복하게 성공을 이루고, 부를 이루고, 천재가 되었다.

유대인 아이가 어려운 히브리어 알파벳 22자를 배울 때, 선생님은 꿀로 심리적 안정과 공부의 즐거움을 느끼게 해준다는 이야기는 많이 알려져 있다. '헤델'이라는 유대인 학교는 세 살 생일이 바로 입학 날이다. 등교 첫날, 아이는 긴장된 표정으로 교실에 들어간다. 생일이 자기보다 빠른 친구들, 나이 많은 형, 누나들도 있다. 모두가 한 반에서 함께 수업한다. 선생님은 먼저 아이를 모두에게 소개한다. 그리고 첫날의 두려움을 사랑으로 감싸준다.

선생님은 아이를 자신의 무릎에 앉히고 히브리어를 가르치기 시작한다.[136] 아이의 손가락을 글자 표에 갖다 대고 읽어 준다. "이건 알레프[137]란다." 그리고 손가락을 긴장한 아이의 입에 갖다 댄다. 아이는 곧바로 미소를 짓는다. 선생님이 수업 전에 미리 글자 표에 꿀을 발라 놓았기 때문이다. 학교 첫날, 아이가 배운 것은 알레프라는 히브리어가 아니라, "배움은 달콤하다"는 진리이다. 선생님의 의도대로 말이다. 유대인에게 공부는 달콤하고 즐거운 것이어야 한다. 투자도 달콤하고 즐거운 것이어야 한다.

유대인은 자녀가 삶을 놀이처럼 여기며 즐겁게 살기를 원한다. '항상 기뻐하는 삶'은 신의 뜻이기 때문이다. 투자교육 역시 마찬가지다. 아이가 투자를 게임처럼 즐길 수 있어야 한다.

초연함을 배운다

투자를 게임처럼 즐겁게 배울 때 얻는 영적인 유익은 실로 엄청나다. 인생을 살면서 누리는 최고의 기쁨과 진정한 승리를 맛볼 수 있다. 진정한 승리는 높은 수익률이 아니라 초연함 바로 그 자체이다. 초연함이란 과정을 마음껏 즐기되 결과에 집착하지 않는 마음이다. 초연함을 통해 자녀는 최고의 기쁨을 경험할 수 있다. 초연함은 부와 성공을 이루는 강력한 힘이다.

— 초연함이란 무언가에 강하게 몰입하여 창조성을 발휘하면서도 결과에 연연하지는 않는다는 뜻을 지닌다. 행복을 위해서는 몰입과 창조성 둘 다 필요하다. 우리는 뭔가에 열정적으로 몰입하면서 자신이 지닌 창조성을 발휘할 때 비로소 행복감을 느끼기 때문이다.[138]

투자를 게임처럼 즐기면 초연함을 기를 수 있다. 게임처럼 투자의 세계는 불확실성으로 가득 차 있다. 수익률이 어느 정도가 될지, 언제 떨어지고 언제 올라갈지는 알 수 없다. 결과에 대한 집착이 무의미하다. 하지만, 앞서 혼다 켄의 말처럼 과정의 즐거움이 있을 때 오히려 더 좋은 결과로 이어진다.

즐기는 투자가는 결과에 집착하지 않는다. 불안과 걱정으로 감정 에너지를 낭비하지 않는다. 하지만 어떻게 초연할 수 있단 말인가? 소중한 내 돈을 잃을지도 모르는 데 말이다.

1. 노력으로 초연함에 이른다

초연한 사람은 진정 즐기는 자이다. 초연함의 단계는 노력하는 단계 너머에 있다. 흔히 말하는 몰입의 즐거움이다. 몰입은 전문적인 지식과 경험이 쌓여야 가능하다.

"知之者 不如好之者 好之者 不如樂之者(지지자 불여호지자 호지자 불여락지자) 아는 자, 좋아하는 자만 못하고, 좋아하는 자, 즐기는 자만 못하다."

공자의 말에 진리가 담겨 있다. 진정 즐기는 자가 되려면 아는 단계, 좋아하는 단계를 넘어서야 한다. 워런 버핏은 투자를 아는 자였고, 좋아하는 자였으며 그래서 진정 즐기는 자가 되었다. 버핏은 어려서부터 경제경영 서적들을 독파해 나갔고, 열한 살 때부터 직접 몸으로 체득하며 투자 감각을 익혔다. 엄청난 시간과 노력이 그를 초연한 투자가로 만든 것이다.

> 닥치는 대로 읽으세요.
>
> 열 살 때 나는 오마하 공공도서관에서 투자 관련 서적을 모두 읽었습니다.
>
> 어떤 책은 두 번 읽었습니다.
>
> 당신의 마음속에서 두 가지 생각이 서로 충돌하도록 만드세요.
>
> 이 충돌을 뛰어넘고 난 뒤 투자를 시작하세요.
>
> 워런 버핏

2. 마음의 평화로 초연함에 이른다

혼다 켄은 돈의 흐름에는 두 가지가 있다고 했다. 행복한 돈의 흐름과 불행한 돈의 흐름이다. 이 개념은 투자 게임을 즐길 수 있도록 도와줄 것이다. 또한 돈의 주인으로서 투자에 참여하게 될 것이다. 투자가는 자신의 돈을 투자하지만, 그렇다고 해서 모두가 돈의 주인은 아니다. 주식 투자가들 중 95퍼센트 이상이 손해를 본다. 이기는 투자가는 5퍼센트밖에 안 된다. 그들 중 누가 돈의 주인이며, 누가 돈의 노예일까? 무엇이 차이를 만드는 것일까?

> **투자의 목표는 100% 마음의 평화이다.**
>
> 워런 버핏

모든 투자는 돈을 흘려보내는 것이다. 혼다 켄은 돈의 흐름을 결정짓는 것은 주고받을 때의 에너지라고 말한다.[139] 주식을 예로 들자면 매수·매도할 때의 감정이 바로 돈의 흐름을 결정짓는 에너지다. 마음의 평화가 늘 유지된다면, 이미 당신은 현명한 투자자의 자질을 갖춘 셈이다.

세계적인 대부호들에게 진정한 부란 마음의 평화라는 사실이 더 가슴 깊이 다가온다. 혼다 켄 역시 게임에서 이기는 사람들은 거래 과정 자체를 즐긴다고 한다. 즐기는 사람은 감사와 기쁨의 에너지를 담아, 자신만의 행복한 돈의 흐름을 만든다. 좋은 에너지를 담은 돈은 더 많은 보상을 안겨준다. 이것이 자연의 법칙이요, 부의 법칙이다.

> 머니게임에서 승리는 경제적으로 많은 돈을 끌어모으는 데 있는 것이 아니다.
> 게임에 대해 얼마나 좋게 느끼는지에 따라 결정된다.[140]
> 혼다 켄

3. 사랑할 때 초연함에 이른다

'초연한 몰입' 단계의 투자가는 진정으로 투자를 사랑하고, 투자를 즐기는 사람이다. 결과에 연연하지 않지만 승리는 그들의 몫이다. 초연함을 갖춘 천재 투자가에게, 투자는 진정한 게임이다. 투자를 게임처럼 즐길 줄 아는 사람은 진정한 천재 투자가다. 워런 버핏은 이렇게 고백했다.

— 내가 원하는 건 돈이 아닙니다. 돈 버는 재미와 돈이 불어나는 것을 바라보는 재미가 더 중요하지요. 물론 투자수익을 즐길 수도 있어야겠지만 나는 여러분이 투자수익보다 투자 과정을 더 즐기게 되기를 바랍니다. 돈이란 내가 하고 싶은 일을 하면 자연스럽게 따라오는 부산물일 뿐입니다.[141]

초연한 몰입은 성공할 때까지 끝까지 해내는 힘이다. 질리지도 않는다. 즐겁기 때문에 계속하는 거다. 놀이터에서 하루종일 노는 어린아이처럼 시간 가는 줄 모른다. 실패란 없다. 즐기는 매 순간이 성공이다. 배우며 깨닫는 기쁨만 존재할 뿐이다.

> **나는 평생 하루도 일하지 않았다. 그것은 모두 재미있는 놀이였다.**
>
> 토머스 A. 에디슨

초연한 몰입은 사랑할 때 가능하다. 일을 사랑할 때, 행운은 그에게 깃든다. 그리고 최고의 성과, 위대한 결과를 만들어낸다. 투자에 있어서도 마찬가지다. 투자를 즐기며 사랑해보자. 투자는 경제적 자유에 이르는 관문이니 얼마나 고마운가!

> **여러분도 나처럼 투자 자체를 사랑해서**
>
> **그 과정에 쏟아붓는 노력과 시간을 즐기기를 바랍니다.**
>
> 워런 버핏

게임을 사랑하는 부자들

부자들의 공통점이 있다. 빌 게이츠와 워런 버핏 같은 세계 최고의 부자들도 해당된다. 바로 평소에 게임을 즐긴다는 사실이다. 부와 성공을 향하는 길에는 수많은 위험요소가 기다리고 있다. 부자들은 어떤 상황을 만나도 마음의 평화를 유지하며 냉철한 판단력과 깊이 있는 통찰력으로 위험을 관리하고, 위기를 성장의 기회로 만들 수 있어야 한다. 그들은 게임을 통해 부자의 자질을 키운다.

만일 포브스 400대 부호가 되기 위한 가장 중요한 원칙이 있다면 그것은 바로 리스크 감수이다. 상속받은 재산이 없는 사람이 부자가 되는 가장 확실한 방법은 높은 위험을 무릅쓰고 모험을 시도하는 것이다. 포브스 400대 부자들이 대부분 카드놀이와 포커의 고수들이라는 사실에는 나름의 의미가 있다. 헤지펀드의 황제 스티브 코헨은 고등학교 다닐 때 밤을 새워 포커를 쳤다. 언론 재벌 존 클러지는 대학 시절을 포커와 함께 보낼 정도로 포커광이었다. 서로 닮은 데라고는 별로 없지만 미국 역사상 가장 부유한 두 사람으로 손꼽히는 빌 게이츠와 워런 버핏도 모두 포커와 브리지 게임을 좋아한다. 대다수의 포브스 400대 부자들은 꿈을 이루기 위해 어떤 때는 수차례에 걸쳐 높은 위험을 감수하기도 한다.[142]

게임의 세상에는 무한한 가능성이 존재한다. 판세가 좋을 때도 있고, 나빠질 때도 있지만 그것이 위협적이지 않다. 게임 참여자는 게임의 과정을 즐길 뿐이다. 투자의 세계도 마찬가지다. 투자는 뺏고 뺏기는 제로섬 게임이 아니다. 다 함께 부자가 될 수 있는 창조적 경제 행위이다. 세상은 모두가 행복하게 나눌 수 있는 무한한 풍요로움이 있는 곳이다. 이것은 유대인의 부의 지혜이기도 하다.

"유대인의 머릿속에는 순전한 초연함과 사랑의 능력이 들어 있다."

영국의 소설가이자 시인 D. H. 로렌스의 말이다. 역시 천재적인 작가이다. 그의 표현력에 감동하고, 그의 관찰력에 감탄한다. 그의 말을 살짝 바꾸어 상상에 잠겨본다. "대한민국 아이들의 머릿속에는 순전한 초연함과 사랑의 능력이 들어 있다." 그러니 더욱 궁금해진다. 유대인은 어떻게 즐기는 투자교육을 시키는 걸까?

'초연함의 법칙'으로 투자 마인드 길러주기

"마음껏 인생을 즐겨라."

유대인 부모는 인생을 서핑처럼 즐기라고 한다. 서퍼들은 높은 파도를 두려워하지 않고 그 순간을 즐긴다. 높은 파도일수록 환희와 성취감은 더 커진다. 세상 모든 부모가 그렇듯 유대인 엄마가 바라는 것은 '아이의 행복'이다. 삶을 살아가면서 어떤 상황이 닥쳐도 자녀가 '최고의 행복'을 누리길 바란다.

좋아하는 일에 몰입하며 즐기는 동안 생기가 솟아오르고 활기가 넘친다. 진정한 행복을 누린다. 사는 게 정말 재밌고 신난다. 결과는 중요하지 않다. 승리의 기쁨으로 하늘을 날아갈 듯하다. 패배를 통해 얻는 교훈은 무엇보다 값지다. 초연함의 법칙을 익힌 아이는 투자가 게임이고, 삶이 게임이다. 놀이하듯 즐긴다. 얼마나 멋진가! 윌리엄 헨리의 말처럼 '운명의 진정한 주인이며, 영혼의 선장'이 되는 순간이다.

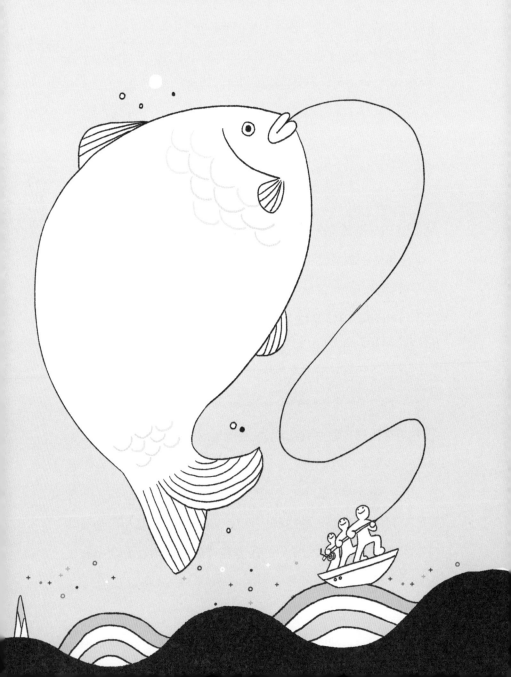

"삶을 여행하듯 즐기렴!"

디팩 초프라는 초연함의 법칙을 통해 자녀의 영성을 깨우라고 조언한다. 그는 무엇에도 집착하지 않는 자유로운 영혼으로 사는 것이 곧 초연함이라고 말한다.

"얻고 잃는 것은 끊임없이 순환하는 우주의 흐름일 뿐"이라며 자녀가 무언가를 잃고 속상해하고 있다면, 물건보다 아이의 존재 이유가 훨씬 크다는 사실을 알려주라고 말한다.[143] 즉, 여전히 사랑 받는 존재라는 사실을 아이에게 알려줘야 한다. 물건을 잃는다고 해서 아이에게 어떠한 나쁜 일도 일어나지 않는다는 말로 안정감을 줄 수 있다.

> **인생을 즐기는 태도를 지니는 것은 성공에서 매우 중요하다.**
>
> 디팩 초프라

투자훈련을 통해 초연함을 배우면, 물질적 자유와 정신적 자유 둘 다 얻을 수 있다. 하나의 돌로 날아가는 두 마리의 새를 잡는 셈이다. 이것이 유대인 투자교육의 핵심이며 숨겨진 비밀이다.

투자교육은 빠를수록 좋다

워런 버핏은 열한 살 때 주식 투자를 시작했다. 그런데도 그는 좀 더 빨리 시작했으면 시간을 낭비하지 않았을 것이라며 아쉬워한다. 우리나라에서도 버핏 같은 세계적인 투자가가 나올 수 있을까?《트레이딩은 트레이닝이다》의 저자 장영한 대표는 어려서부터 훈련한다면 분명히 가능한 일이며, 초연결 시대라는 상황을 고려하면 워런 버핏과 비교할 수 없을 만큼 엄청난 글로벌 투자가가 탄생할 것이라 말한다.

유대인 아이들은 남자 만 13세, 여자 만 12세가 되면 성인식(바르미츠바)을 한다. 그 날 아이는 세 가지 선물을 받는다. 축의금, 손목시계, 성경이다. 이제부터 아이는 스스로 지키는 사람이 되어야 한다. 축의금은 돈을 잘 지키라는 뜻이고, 손목시계는 약속과 시간을 잘 지키라는 의미이며, 성경은 신과의 독립적 관계를 잘 지키라는 뜻이다. 성인식 이후로는 돈과 사람 그리고 신과의 관계는 오롯이 자신의 책임이다.

그날 받는 축의금은 중산층을 기준으로 5천만 원~8천만 원 정도이다. 아이는 부모님과 상의하며 자신의 돈을 스스로 관리하는 훈련을 시작한다. 가장 좋은 투자교육 타이밍이다. 아이는 채권, 주식, 펀드까지 공부하며 자신의 돈으로 직접 자산운용을 시작한다. 어려서부터 금융, 경제를 몸으로 익히며 돈 감각을 키워나가는 것이다.

이렇게 투자한 돈이 아이가 자라서 독립할 때는 1억이 넘는 금액이 되기도 한다. 성인이 된 아이는 그동안 모은 돈으로 창업하거나 공부하거나, 스스로 자신의 삶을 개척해 나간다. 돈보다 더 중요한 것은 이 아이가 칠 년 동안 실전투자가로서 쌓은 경험이다. 돈과 돈 버는 능력, 둘 다 갖춘 투자가로 사회에 첫발을 내딛는 청년에게 무서울 게 뭐가 있겠는가? 세상 속으로 당당히 나아가는 거다! 슬픈 현실이지만 대한민국 청년들과 출발선부터 다르다.

> **주식투자는 빠를수록 좋습니다.**
>
> **나는 19세 때 읽은 책을 지금도 읽고 있습니다.**
>
> **19세 때 책에서 얻은 사고의 틀을 76세인 지금도 그대로 유지하고 있습니다.**
>
> 워런 버핏

어렸을 때부터 자신의 돈으로 익힌 투자 감각은, 어른이 되어 투자를 시작한 사람과는 비교가 되지 않는다. 어린아이들에게 투자는 새롭고 설레는 경험이다. 돈도 잃어보고 수익도 내 보면서 투자 감각과 함께 내면의 힘, 즉 초연함도 키운다.

베스트셀러 작가 쑤린은 유대인이 전 세계 금융계를 지배하게 된 요인을 과감한 투자, 지혜와 생각의 힘으로 분석했다.

── 유대인들이 부자의 반열에 오를 수 있었던 요인은 적극적인 도전정신에 있다. 그들은 투자해야 할 것이 보이면 위험을 무릅쓰고서라도 과감하게 도전했다. 금융계에서 지속적으로 왕좌를 차지할 수 있었던 것도 과감한 투자 덕분이다. 지혜와 생각의 힘으로 투자할

유대인 엄마의 부자수업

대상이 생기면 유대인들은 어떤 경우에도 망설이지 않고 과감하게 투자했다.[144]

쑤린은 "세상에는 지나치게 사용해서는 안 되는 것 세 가지가 있다. 빵의 이스트, 소금, 망설임"이라는 탈무드의 말을 인용하며 유대인의 과감한 투자를 칭찬한다. 우리도 망설이지 말고 과감하게 자녀의 투자교육에 투자하자.

> **조기 경제교육이 평생의 부를 결정한다.**
>
> 워런 버핏

에필로그

가난이라는 바위 밑에
숨겨진 진짜 보물

'요즘 백성들이 너무 타성에 젖어 큰일이군.'

옛날 어느 임금이 나약해진 백성들에게 교훈을 주기 위해 커다란 바위로 도시의 출입 통로를 막아버렸다. 임금은 백성들이 힘을 합쳐 바위를 치우기를 바라며 숨어서 지켜보았다. 하지만 대부분의 사람들은 두려움에 휩싸이거나, 불평, 비난, 자기비하만 할 뿐, 적극적인 노력을 하지 않았다.

며칠 후, 한 농부가 나타났다. 아무리 애를 써도 바위가 움직이지 않자, 그는 근처 숲으로 달려갔다. 농부는 숲에서 찾은 커다란 나뭇가지를 지렛대로 사용해 바위를 굴려냈다. 그러자 바위 밑에는 금화가 가득한 주머니와 임금이 직접 쓴 쪽지가 놓여 있었다.

— 모든 장애물 속에는 더 나은 현실을 만들 기회가 숨어 있다는 사실을 잊지 말라.[145]

나는 가난이라는 바위를 치우기 위해 책 숲으로 들어가 사방을 뒤지기 시작했다. 그리고 지렛대로 쓸 만한 나뭇가지를 어렵지 않게 발견했다. 찾은 나뭇가지는 바로 '유대인 부의 법칙'이었다. 가난이라는 바위를 굴리기 위해 찾았던 나뭇가지가 알고 보니, 바위 아래 숨겨진 '유대인 부자교육'이라는 엄청난 보물을 가져다주는 축복의 도구였던 것이다.

26살, 영국 유학 중에 만난 남편과 결혼을 하고, 27살, 엄마가 되었다. 나는 임신을 깨닫자마자 탈무드 태교를 시작했다. 그렇게 시작된 유대인 자녀교육과의 인연이 벌써 17년이 되어간다. 초보 엄마이자 학생 엄마인 나에게 유대인 교육법은 양육의 앞길을 비춰주는 빛이 되었다. 다른 양육서나 자녀 교육서와는 다르게 아이의 영혼과 행복을 말하는 교훈들은 가슴으로 다가왔다.

남편의 공부가 끝나면서, 영국에서의 직장 생활을 정리하고 한국으로 돌아왔다. 깊은 고민 끝에 '일'이 아닌 '육아'를 선택한 후, 유대인 교육에 더 깊이 빠져들었다. 관련 서적들을 독파해 나갔고 관련 세미나가 열리는 곳이라면 전국 어디든 달려갔다.

아이들이 자라서 초등학생이 되었을 때는 유대인 영어교육 사업을 시작했다. 그렇게 유대인 교육과의 인연은 계속되었다. 그랬기에 평범한 인생길에 갑작스레 찾아온 경제적 어려움 앞에서 지렛대로 쓸 나뭇가지를 찾느라 많은 시간을 낭비하지 않았다. 불변하는 '부의 법칙'의 최고 전문가는 바로 유대인이었기 때문이다.

조사에 따르면 2018년도 미국 최고 부자 10명 중 5명이 유대인이었다. 미국에 살고 있는 유대인의 수는 미국 전체 인구의 약 2퍼센트 정도다. 소수에 불과한 유대인이 어떻게 세상에서 가장 부유한 민족이 되었을까? 이 질문을 마음에 품고 그들만의 특별한 부의 시크릿을 파고들었다.

시간이 지나며, 나의 관심은 자연스럽게 유대인 부의 법칙에서 그들만의 특별한 돈 교육으로 이어졌다. 유대인 돈의 지혜는 돈의 IQ, EQ, SQ를 동시에 높이는 교육이다. 유대인 부모는 돈 교육을 통해 자녀의 금융 지능을 높일 뿐 아니라, 자녀 안에 잠자고 있는 거인을 깨운다.

돈 교육이 아이의 정체성 교육이고, 돈 교육이 아이의 자기다움을 찾는 재능교육이고, 돈 교육이 아이의 영혼을 키우는 영성교육이고, 돈 교육이 두뇌를 바꾸는 천재교육이고, 돈 교육이 꿈꾸는 아이를 만드는 비전교육이다.

나는 이것을 통합해서 부자교육이라고 부른다.

솔직히 그러나 조심스럽게 고백한다. 대한민국 공교육에는 더 이상 희망이 없다. 세상은 급변하고 있는데 우리나라 공교육은 과거에 머물러 있다. 21세기 미래 사회는 창조적 상상력이 풍부하고 공감 능력이 뛰어난 인재를 필요로 하는데, 대한민국 공교육은 자신의 생각과 감정을 억제하고 명령대로 따르도록 훈련을 받은 군인 같은 아이들만 만들어낸다. 슬픈 현실이다. 엄마가 학생이던 30년 전이나 자녀들이 공교육을 받고 있는 지금이나 별반 달라진 점이 없다. 비단 나의 생각만은 아닌 듯하다.

"슬픈 현실이지만 대한민국 공교육에는 희망이 없습니다. 오히려 코로나가 기회일 수 있다고 생각합니다."

최근에 만난 교육 전문가에게서 들은 말이다. 대한민국 교육계에 30년 넘게 몸담고 계신 분이다.

이 책은 나의 반성문이자 선언문

수영 못하는 아이를 높은 파도가 밀려오는 바다에 내보내는 심정이었다. 나도 서핑을 배운 적이 없기 때문에 어떻게 할 수가 없었다. 늘 불안하고 안타까웠지만 엄마로서 할 수 있는 것은 아무것도 없었다.

그랬던 엄마가 달라졌다. 부자교육을 통해 자본주의 세상에는 늘 파도가 몰려온다는 사실을 알았다. 이제는 파도가 두렵지 않다. 이제는 불안하지 않다. 오히려 파도가 기회라는 사실을 알았다. 이제는 서핑하는 법을 배우고, 자녀들에게 가르칠 수 있게 되었다. 자본주의 세상에서 서핑을 즐길 수 있는 방법이 바로 유대인 부자교육이다.

부자교육은 자본주의 시대의 머니게임에서 살아남는 법뿐 아니라, 자녀 안에 있는 무한한 잠재력을 끌어낼 수 있는 교육이며, 자녀의 몸과 마음과 영혼을 건강하게 지켜주는 교육이다. 자녀 스스로가 행복하고 당당한 삶의 주인이 되도록 도와주는 교육이다. 이것이야말로 바위 속에 숨겨진 진짜 보물이었다.

이 책은 자기계발서이자 자녀 교육서

또 다른 보물은 교육자의 변화이다. 책에서는 엄마를 교육자의 상징으로 세웠지만 아빠든, 선생님이든 누구나 부자교육을 할 수 있다. 그리고 모든 사람에게는 내면아이가 있다. 그런 의미에서 이미 모든 사람은 자신의 내면아이를 돌보는 엄마의 역할을 하고 있다. 내 경우에도 나 자신을 부자교육 하는 것으로 시작했다.

> **아이뿐 아니라 시간과 이해와 표현을 필요로 하는**
> **내 내면의 아이도 사랑하게 하소서.**
> '유대인 엄마의 기도' 중에서

부자교육을 통해 교육자가 먼저 변할 것이다. 생각의 변화가 삶의 변화로 나타날 것이다. 유대인 전통은 부모가 먼저 배워, 자녀에게 가르치라고 말한다. 이 책의 1차 목표이기도 하다. 삶으로 보여주는 것이 가장 확실한 교육이다.

스위치를 켜듯 생각을 전환하는 것이야말로 모든 변화의 시작이다. 그래서 유대인 부자교육은 쉽다. 생각이 바뀌면 행동이 바뀌고 삶 속에서 일어나는 일들의 결과가 바뀐다. 온 우주가 돕는 것 같다. 그래서 즐겁고 기쁜 여행이다. 반드시 탁월한 결과를 만들어낸다. 세상의 혁신적 변화를 창조하는 유대인처럼 말이다.

유대인 부자교육이 유일한 답은 아니다. 진짜 답은 당신 안에 있다. 다만 이 책은 각자의 내면에 반드시 존재하는 자신만의 해답을 찾아갈 수 있도록 올바른 방향성과 기준을 제시해 줄 것이라 확신한다. 방향이 바르게 설정되었다면 삶의 흐름에 맡기고, 삶의 순간순간에 보물을 찾듯 즐겁게 자신만의 답을 발견하면 된다.

거인의 어깨에서 세상을 보면 더 멀리 내다볼 수 있다. 유대인 부자 교육은 가장 든든한 거인의 어깨다. 거인의 어깨에서 시작했으니, 우리는 더 큰 거인이 될 수 있다.

책이란 마음의 메시지를 담아 독자에게 보내는 편지다. 그리고 내 책 속의 모든 문장에 숨은 메시지는 단 하나다.

—— 유대인이 해냈다면 우리도 할 수 있어요. 우리는 더 잘할 수 있어요.

나의 부족한 표현력으로 잘 전달되지 못했을지 모른다는 노파심에 숨은 의도를 에필로그에서 다시 한 번 밝힌다. 부디 이 책과 함께 '경제적 자유와 부의 대물림'이라는 목적지까지 행복한 여행이 되기를 바란다. 누구나 부자가 될 수 있고, 누구나 부자로 키울 수 있다. 그러나 여행의 묘미는 도착하는 순간에 있는 것이 아니라, 과정에 있다.

빠르게 변하는 세상에서 변하지 않는 것에 대하여 이야기하기란 적지 않은 용기와 확신이 필요한 일이다. 이 책은 빠르게 변하는 세상에서, 변하지 않는 부의 법칙에 관한 이야기이자, 시간과 공간을 넘어 공감에 이르는 변하지 않는 교육의 본질에 관한 이야기이다.

고리타분하게 여겨질지 모르는 '변하지 않는 것'에 관한 글을 쓸 용기를 내보았다. 이유는 간단하다. 그만큼 확신하기 때문이다. 이 여행은 쉽고, 즐겁고, 게다가 결과까지 탁월할 것이다.

당신이 목표를 향해 나아갈 때, 이 책이 그 길을 환하게 비춰줄 수 있기를 기도한다.

주

1 《잭팟 심리학》리처드 와이즈먼. 이은선 옮김. 시공사

2 《부자아빠 가난한 아빠2》로버트 기요사키. 안진환 옮김. 민음인 p283

3 《재기》장옥빈. 백은경 옮김. 고수.

4 《부의 바이블》다니엘 라핀. 김재홍 옮김. 북스넛. p29

5 《머니룰》에스더 힉스 외1. 박행국 옮김. 나비랑북스

6 《13세에 완성되는 유대인 자녀교육》홍익희, 조은혜. 한스미디어. p79-81

7 《유대인 인생의 비밀》베니 갈. 박상은 옮김. 아템포

8 《부자멘토와 꼬마제자》오마타 간타. 최수진 옮김. 다산북스.

9 《유대인 생각공부》쑤린. 권용중 옮김. 마일스톤.

10 《유대인이 대물림하는 부자의 공리》랍비 셀소 쿠키어콘. 이미숙 옮김. 북스넛. p7

11 위와 같음.

12 《2030년 부의 미래지도》최윤식, 배동철. 지식노마드. p109

13 《통합비전》켄 윌버. 정창영 옮김. 김영사.

14 〈The Times of Israel〉'5 Jews make Forbes' list of top 10 wealthiest Americans' 2018년 10월 6일자. https://www.timesofisrael.com/5-jews-make-forbes-list-of-top-10-wealthiest-americans/

15 《2030년 부의 미래지도》p227

16 《너 1%만 바꿔도 인생이 달라진다》가토 토시노리. 이진원 옮김. 나라원. p31

17 《퀀텀독서법》김병완. 청림출판. p30

18 《세종에게 창조습관을 묻다》p87

19 《이디시콥》랍비 닐턴 본더. 김우종 옮김. 정신세계사. p49

20 《세종에게 창조습관을 묻다》p89

21 《부자 아빠의 자녀 교육법》로버트 기요사키. 박슬라 옮김. 민음인. p87

22 《유대인 생각공부》p8

23 《이매지노베이션》윤종록. 크레듀하우스. p12, 13

24 《유대인 성공코드 Excellence》헤츠키 아리엘리. 김진자 옮김. 국제인재개발센터. p26

25 《이매지노베이션》p27

26 《더 플러스》조성희. 유영.

27 《유대인 성공코드 Excellence》p45

28 《유대인 영어공부법》가토 나오시. 최려진 옮김. 로그인. p42, 43

29 Orthodox Union 'Warren Buffet Isn't Jewish, But His lessons are' 2016년 3월 1일자.

30 한겨레신문, '버핏이 오마하의 현인이 된 4가지 이유', 2000년 6월 27일자.

31 《버핏클럽1》김철광 외14명 공저. 북돋움. p171

32 위와 같음. p70

33 위와 같음. p234

34 중앙일보 '"가치없다" 친모 폭언에도...나눠주는 삶 살다 떠난 버핏 누나의 생' 2020년 8월 27일자

35 《나는 다시 태어나기로 했다》맨리 P.홀. 윤민, 남기종 공역. 마름돌. p66

36 《워렌 버핏 투자 노트》메리 버핏 외1명. 이은주 · 이재석 옮김. 국일증권경제연구소

37 《그 아이만의 단 한 사람》권영애 지음. 아름다운 사람들.

38 《엄마 투자가》조우석, 김민기 지음. 민음인. p68

39 《내가 확실히 아는 것들》오프라 윈프리. 송연수 옮김. 북하우스.

40 "감사합니다. 고맙습니다"의 놀라운 힘. 이상헌. https://blog.naver.com/jsd4096/ 60137318162

41 《소망을 이루어 주는 감사의 힘》널르 C. 넬슨 외1. 이상춘 옮김. 한문화 p24

42 《13세에 완성되는 유대인 자녀교육》p48-50

43 《십일조의 비밀을 안 최고의 부자》이채윤, 미래사. p53

44 《천재의 생각법》류종렬. 미다스북스. p93

45 《스타벅스: 커피 한잔에 담긴 성공신화》하워드 슐츠. 홍순명 옮김. 김영사

46 《천재의 생각법》p96

47 《천재가 된 제롬》에란 카츠, 박미영 옮김, 민음인, p59

48 《몰입》황농문. 알에이치코리아.

49 《우리는 왜 잠을 자야 할까》매슈 워커. 이한음 옮김. 열린책들

50 〈청문회를 승리로 이끈 마크 저커버그의 비밀〉, https://m.post.naver.com/
    viewer/postView.nhn?volumeNo=20738766&memberNo=38553054

51 《하버드 감정수업》쉬센장. 송은진 옮김. 와이즈맵

52 《레버리지》롭 무어. 김유미 옮김. 다산북스

53 《엄마 투자가》조우석. 김민기. 민음인. p327, 328

54 2005년 8월 스탠포드 대학 졸업 연설문. 인터넷 참고

55 《2030년 부의 미래지도》p243

56 《직관의 테크닉》로라 데이. 이균형 옮김. 정신세계사

57 《EQ 감성지능》다니엘 골먼. 한창호 옮김. 웅진지식하우스.

58 한국, 미국, 영국, 독일, 아르헨티나, 인도, 대만

59 《초등엄마수업》김선희. 미다스북스. p295

60 《새로운 미래가 온다》다니엘 핑크. 김명철 옮김. 한국경제신문사. p78

61 《엄마 투자가》p300

62 《부의 바이블》p74, 75

63 《부의 법칙》캐서린 폰더. 남문희 옮김. 국일미디어 p152

64 《위대한 발견》밥 프록터. 장성철 옮김. 생각의 정원. p21, 22

65 《유대인 생각공부》p252, 253

66 위와 같음. p266-268

67 위와 같음. p223

68 《미라클 모닝》할 엘로드. 김현수 옮김. 한빛비즈. p114

69 《위대한 발견》밥 프록터. 장성철 옮김. 생각의 정원. p30

70 《온리치》폴 메케나. 송택순 옮김. 웅진윙스.

71 《마인드 파워》존 키호. 최상수 옮김. 김영사. p144

72 《유대인 인생의 비밀》

73 《돈과 인생의 비밀》혼다 켄. 홍찬선 옮김. 더난출판. p189-190.

74 《부의 시크릿》마담 호. 임수택 옮김. 에이지21. p28

75 《놓치고 싶지 않은 나의 꿈 나의 인생》나폴레온 힐. 이지현 옮김. 국일미디어

76 《탈무드: 나를 변화시키는 지혜의 연금술》마빈 토케이어. 최복현 옮김. 뷰파인더.

P234

77   《부자가 되는 과학적 방법》 월러스 워틀스. 지갑수 옮김. 이담북스. p84

78   《유대인 생각공부》 p283

79   《워렌 버핏 투자 노트》 p14

80   《이매지노베이션》 p166

81   《이디시쿱》 p156-157

82   《불행 피하기 기술》 롤프 도벨리. 유영미 옮김. 인플루엔셜. p270

83   《이디시쿱》 p177

84   위와 같음. p157

85   《스트리트 스마트》 짐 로저스. 이건 옮김. 이레미디어.

86   《내 아이들에게 주는 선물》 짐 로저스. 이은주 옮김. 이레미디어. p166

87   《디팩 초프라의 부모수업》 디팩 초프라. 구승준 옮김. 한문화. p79

88   《부모라면 놓쳐서는 안 될 유대인 교육법》 임지은. 미디어숲. p203

89   《이매지노베이션》 p251

90   위와 같음. p279

91   《내 아이들에게 주는 선물》 p63

92   《탈무드에서 배우는 돈의 지혜》 닐턴 본더. 김태항. 물병자리. p19

93   《워렌 버핏 투자 노트》 p13

94   《돈과 인생의 비밀》 p139

95   《유대인이 대물림하는 부자의 공리》 p24

96   위와 같음. p24

97   《유대인 엄마의 힘》 사라 이마스. 정주은 옮김. 위즈덤하우스. p201

98   《디팩 초프라의 부모수업》 p109

99   위와 같음. p108

100   《유대인 엄마의 힘》 p141

101   〈이코노믹리뷰〉 http://www.econovill.com/news/articleView.html?idxno=
      411657

102   《부자의 생각》 박종기. 청림출판. p124

103   《부자 통장》 박종기. 청림출판. p100

104   《부자의 인간관계》 사이토 히토리. 김지영 옮김. 다산3.0. p25

105 위와 같음. p30

106 《유대인이 대물림하는 부자의 공리》p30-33

107 《바빌론 부자들의 돈 버는 지혜》조지 S. 클래이슨. 강주헌 옮김. 국일미디어. p31

108 위와 같음.

109 《유대인이 대물림하는 부자의 공리》p54

110 《엄마 심리 수업》윤우상. 심플라이프.

111 《디팩 초프라의 부모수업》p125

112 위와 같음. p127

113 《유대인이 대물림하는 부자의 공리》p54

114 《바빌론 부자들의 돈 버는 지혜》

115 《유대인 이야기》홍익희. 행성B. p261

116 《유대인이 대물림하는 부자의 공리》p170

117 《빌 게이츠 & 워렌 버핏 성공을 말하다》워런 버핏, 빌 게이츠. 김광수 옮김. 윌북.
     p66-67

118 《유대인이 대물림하는 부자의 공리》p172

119 《더 해빙》이서윤, 홍주연. 수오서재. p279

120 《유대인 생각공부》p192

121 위와 같음. p194.

122 https://blog.naver.com/kkumerlife/221718002069

123 《기브앤테이크》애덤 그랜트 지음. 윤태준 역. 생각연구소

124 《디팩 초프라의 부모수업》p89

125 《부의 시크릿》p103

126 《유대인 비즈니스의 성공 비결 49가지》랍비 다니엘 라핀. 조상연 옮김. 북스넛.
     p394

127 《돈과 인생의 비밀》p147

128 《유대인 비즈니스의 성공 비결 49가지》p395

129 《부의 바이블》p357

130 《돈과 인생의 비밀》p134

131 《운을 부르는 부자의 본능》혼다 켄. 황지현 옮김. 더난출판. p102-103

132 《욘스 마인드》키스 캐머런 스미스. 정하원 옮김. 비전코리아. p185

133 위와 같음.

134 《네 안에 잠든 거인을 깨워라》 토니 로빈스. 조진형 옮김. 씨앗을 뿌리는 사람. p368

135 《운을 부르는 부자의 본능》 p33

136 《유대인의 말》 데시마 유로. 이민영 옮김. 21세기북스. p96~97

137 영어 알파벳 A에 해당.

138 《디팩 초프라의 부모수업》 p148

139 《운을 부르는 부자의 본능》 p23

140 위와 같음. p34

141 《엄마 투자가》 p146

142 《브레인 이노베이션》 김병완. 플랫폼연구소. p64

143 《디팩 초프라의 부모수업》 p162

144 《유대인 생각공부》 p177

145 《돌파력》 라이언 홀리데이. 안종설 옮김. 심플라이프. p15

유대인 엄마의 부자 수업

1판 1쇄 발행 2021년 07월 05일
1판 3쇄 발행 2021년 07월 15일

지은이 랍비마마(여정민)
펴낸이 박현

펴낸곳 트러스트북스
등록번호 제2014-000225호
등록일자 2013년 12월 3일
주소 서울시 마포구 성미산로1길 5 백옥빌딩 202호
전화 (02) 322-3409
팩스 (02) 6933-6505
이메일 trustbooks@naver.com

ⓒ 2021 랍비마마(여정민)

값 17,000원
ISBN 979-11-87993-88-9 03320

믿고 보는 책, 트러스트북스는 독자 여러분의 의견을 소중히 여기며,
출판에 뜻이 있는 분들의 원고를 기다리고 있습니다.